Petra Schneider

Vom Leid zur Glückseligkeit

Wie wir uns das Leben schwer machen und wie es leichter geht

Über die Glückseligkeit des Erwachens

WINDPFERD

Wichtiger Hinweis: Die in diesem Buch beschriebenen Methoden sollen ärztlichen Rat und medizinische Behandlung nicht ersetzen. Die in diesem Buch vorgestellten Informationen sind sorgfältig recherchiert und wurden nach bestem Wissen und Gewissen weitergeleitet. Dennoch übernehmen Autor und Verlag keinerlei Haftung für Schäden irgendeiner Art, die direkt aus der Anwendung oder Verwendung der Angaben in diesem Buch entstehen. Die Informationen in diesem Buch sind für Interessierte zur Weiterbildung gedacht.

Abdruckgenehmigung: Für das Gedicht von Michael Ende „Schritt für Schritt", auf Seite 163 hat die Autorin sich bemüht, die Quelle ausfindig zu machen, jedoch vergeblich. Da sie das an dieser Stelle so passende Gedicht ihren Lesern aber nur ungern vorenthalten möchte, bittet sie den Copyrightinhaber um Verständnis und würde sich freuen, wenn er freundlicherweise mit ihr oder dem Verlag Kontakt aufnimmt.

1. Auflage 2005
© 2005 by Windpferd Verlagsgesellschaft mbH, Aitrang
Alle Rechte vorbehalten
Umschlaggestaltung: Kuhn Grafik, Digitales Design, Zürich,
unterVerwendung einer Illustration von Soham Holger Gerull
Lektorat: Silke Kleemann
Layoutkonzeption: Schneelöwe, Aitrang
Herstellung: Schneelöwe, Aitrang
www.windpferd.de
ISBN 3-89385-474-6

Printed in Germany

Inhalt

1. Einleitung 5

2. Wie ich Begriffe verwende 9

3. Vom Leid zur Glückseligkeit – meine Geschichte 17
   Der Wendepunkt...17
   Die Suche...21
   Phänomene auf der Schwelle 35
   Erwachen 45
   Erwacht in der normalen Welt............................70

4. Was ist Glück?..81

5. Was ist Leid? 87
   Das Leid mit dem Verstand 91
   Angst..92
   Der Katastrophenfilm...95
   Der Filmriss..98
   Die Angst, einen Fehler zu machen...................100
   … und sie lebten glücklich bis an ihr Lebensende.................103
   Hauptsache etwas anderes................................104
   Vorstellungen, Erwartungen und Konzepte............106
   Die gefärbte Brille 111
   Das Energieniveau 113

6. Was ist Erleuchtung?......................................119
   Der Unterschied zwischen Erleuchtung und Erwachen..........126
   Irreführende Aussagen 128
   Die Dunkle Nacht der Seele 130
   Braucht man einen Meister? 131
   Ego-Ich – Fluch oder Segen?.............................134
   Was muss ich tun, um erleuchtet zu werden? 138

7. Techniken und Übungen 141
Sich Beobachten 142
Sich Ausrichten 145
Ich bin schuld...148
Keiner liebt mich..151
Wer hat das Problem? 153
Stressfrei im Jetzt 154
Was ist jetzt? 161
Geistige Wesen 164
Meditation 165
Ramanas Selbstergründung..168

8. Werkzeuge 171
LichtWesen Essenzen..171
Touch of Oneness...173

9. Leben im Glück...177

Rückkehr ins Jetzt – eine Fragetechnik 179

Literaturempfehlung...181

Glossar..182

Informationen zu Personen, die im Buch erwähnt sind ..186

Zur Autorin 189

1.
Einleitung

Wir haben es alle schon erlebt. Momente, in denen uns nichts erschüttern kann. Das Leben ist genauso schwierig wie immer, konfrontiert uns mit den gleichen unvorhergesehenen Problemen und Rückschlägen. Aber wir sind zuversichtlich und gelassen, erfüllt von dem Gefühl, dass sich alles regeln wird.

Früher waren diese Momente in meinem Leben selten. Die Phasen, in denen ich Angst vor Hiobsbotschaften hatte, bei jeder Schwierigkeit eine Katastrophe erwartete und bei Behördenbriefen Panikgefühle bekam, überwogen. Nicht nur die großen Probleme warfen mich aus der Bahn, auch die kleinen. Glücklich sein war ein Tanz auf einem dünnen Seil, was mir nur in wenigen Momenten gelang. Eigentlich war ich nicht wirklich glücklich, da ich ständig mit einer unterschwelligen Angst vor der Zukunft lebte.

Wieso ist das so?, fragte ich mich oft. Wieso verlieren wir die innere Balance, dieses Glücksgefühl immer wieder und reagieren gestresst, ängstlich oder sorgenvoll? Wieso sind die Momente, in denen wir in der Kraft sind, erfüllt von Vertrauen und Frieden, so selten? Ist es überhaupt möglich, glücklich zu sein, wenn das

1 – EINLEITUNG

Leben uns ständig mit Schwierigkeiten konfrontiert? Da mein Lebensmotto „bewusst und erfüllt leben" ist, ließ ich nicht locker, nach der Antwort zu suchen. Andere meinten zwar, ich suche das Paradies auf Erden, was es nicht gäbe, doch etwas in mir glaubte, dass ständiges Glücklichsein möglich ist. Doch wie?

Ich versuchte herauszufinden, wie wir uns das Leben schwer machen und wie es anders gehen kann. Nach und nach erkannte ich Mechanismen und Verhaltensmuster, die Leid verursachen. Meine unbewusste pessimistische Lebenseinstellung wurde dabei genauso sichtbar wie Mechanismen, die in schwierigen Situationen den unaufhaltsamen Abrutsch in einen Gefühlssumpf auslösten. Doch ich fand auch Techniken, die mich zu einem erfüllten, glücklichen Leben und schließlich zum Erwachen führten. Davon handelt dieses Buch.

Meistens dient mein eigenes Leben als Grundlage und Beispiel für die Erkenntnisse und Techniken. Aber auch die Erlebnisse und Erfahrungen zahlreicher anderer Menschen bereicherten meine Einsichten. Ich bin dankbar dafür, dass ich nicht alles selbst erleben und durchmachen musste, sondern durch das Leben anderer und den Austausch mit ihnen lernen und erkennen durfte. Die Erkenntnisse halfen mir, vom angstgesteuerten Handeln zum freudegesteuerten Leben zu gelangen.

In Kapitel 3 beschreibe ich neben meinem Weg auch die körperlichen Reaktionen vor dem Erwachen und was sich hinterher für mich veränderte. Gerade in der letzten Zeit geschieht Erwachen bei einer größeren Anzahl von Menschen. Es passiert sogar bei Menschen, die nicht wissen, was Erwachen ist und sich nie mit Spiritualität beschäftigt haben. Sie erleben Erleuchtungszustände, unabhängig davon, ob sie es wollen oder nicht. Plötzlich sind sie erfüllt von innerem Frieden und Glückseligkeit, verlieren für Momente das „Ich-Gefühl" oder träumen nachts von einer Schwärze, die sie verschlingt. Oft lösen diese Erfahrungen Angst und Panik aus, erst recht, wenn der Verstand keine plausible Erklärung bekommt. Nach einem Vortrag über meine Erlebnisse bedankte sich eine Frau bei mir: „Seit zwei Jahren erlebe ich das, was Sie gerade beschrieben haben. Ich dachte immer, ich drehe durch. Jetzt weiß ich, dass ich nicht verrückt bin." Das bewog mich, meine Erfahrungen ausführlicher mitzuteilen. Sie können dieses Buch jedoch auch mit Kapitel 4 beginnen.

Noch ein Hinweis: Im Buch sind Begriffe und Personen erwähnt, die manchem Leser unbekannt sein werden. Diese Begriffe sind im Glossar auf Seite 182 erläutert.

2.
Wie ich Begriffe verwende

Dieses Kapitel brauchen Sie nur zu lesen, wenn Sie es ganz genau wissen wollen.

Bei den unzähligen Büchern von Erleuchteten und Esoterikern, die ich las, verzweifelte ich jedes Mal, wenn die gleichen Worte in unterschiedlicher Bedeutung verwendet wurden. Der Begriff „Ich" zum Beispiel wird von Erwachten und Erleuchteten manchmal auf den Körper-Verstand bezogen, manchmal auf das eine allumfassende Sein, das Ich-bin-Ich. Wird der Begriff „Ich" im gleichen Satz sowohl für „Ich Körper" als auch für „Ich allumfassendes Sein" verwendet, ohne das zu erklären, ist die Verwirrung komplett.

Der Begriff „Selbst" wird meistens für den Teil des Menschen benutzt, der größer ist als Ego und Verstand, der verbunden ist mit dem höheren Bewusstsein, dem Sein, der Zugang hat zu einem Wissen, das jenseits des Verstandes liegt. Manchmal wird der Begriff „Selbst" auch für das Eine, das Göttliche verwendet. Eckhart Tolle benutzt ihn für das Ego-Ich, also für das genaue Gegenteil vom höheren Bewusstsein.

2 – WIE ICH BEGRIFFE VERWENDE

Besonders problematisch wird es bei der Beschreibung des einen Bewusstseins, des „Ich bin", des Seins, der Quelle, Gott, Nirvana, universeller Verstand, universelles Herz. Nicht nur, dass jede Religion oder Richtung ein eigenes Wort für dieses EINE besitzt, je nach eigenem Erfahrungsstand werden die Begriffe auch anders oder manchmal sogar falsch verwendet. Als ich noch nicht wusste, was gemeint war, verwirrte mich diese Unklarheit. Mein Verstand verstand nichts mehr und kommentierte: Wenn ich das nicht verstehe, kann ich es auch nicht erreichen. Womit er zwar recht hatte, denn der Verstand kann die Wahrheit hinter der Welt der Formen nicht verstehen, doch er blockierte damit auch den Zugang. In jedem Menschen gibt es eine Ebene, die weiß, was gemeint ist, die versteht, was jenseits der Worte liegt. Doch wenn der Verstand zu laut murrt, kann man diese leise Wahrheit hinter den Worten nicht erfassen.

Die folgende Beschreibung erläutert, wie ich die Begriffe verwende. Sie hilft, meine Aussagen und Erfahrungen mit denen anderer zu vergleichen. Auf keinen Fall ist sie eine allgemeingültige Begriffsdefinition oder ein Duden. Es bleibt Ihnen daher nicht erspart, die Bedeutung der Begriffe bei anderen Autoren selbst herauszufinden.

Körper – Den Begriff „Körper" benutze ich für die physische, materielle Form inklusive feinstofflichem Anteil, also Körper von Kopf bis Fuß inklusive Energiesystem mit Meridianen, Chakren und Aura, aber ohne Gedanken und Gefühle.

Körper-Verstand – Verwende ich für den Körper mit seinem feinstofflichen Anteil (siehe Körper) plus Gedanken und Gefühle. Solange eine Identifizierung mit dem Körper besteht (ich bin **nur** dieser Körper) wird der Körper-Verstand als „Ich" empfunden.

Verstand – Denken und Gedanken aufgrund von Erfahrungen, Gelerntem und Vorstellungen, eine rein intellektuelle Tätigkeit ohne gefühlsmäßige Beteiligung – Gegensatz zu Intuition; natürlich sind die Gedanken des Verstandes immer mit dem Ego-Ich verknüpft, daher ist an manchen Stellen Verstand und Ego-Ich das Gleiche.

Intuition – Ein Wissen, das aus einer „anderen" Quelle als dem eigenen Leben stammt und über die eigenen Erfahrungen, das eigene Wissen und das logische Denken hinausgeht; Intuition kann in Form von Gefühlen, intuitivem Wissen (man weiß, kann es aber nicht logisch begründen) oder Bildern auftreten.

Gefühle – Die Gefühle des Körpers, die aus den Vorlieben und Abneigungen, den Ängsten, Wünschen, Vorstellungen, Erfahrungen und aus sinnlichem Erleben entstehen; nicht gemeint ist die Intuition, die auch als Gefühl auftreten kann.

Geist – Diesen Begriff vermeide ich, denn hier fand ich das größte Durcheinander: Die einen benutzen Geist als Ausdruck für den Verstand in seiner materiellsten Form, für rein intellektuelles Denken und sich Gedanken machen, die anderen bezeichnen damit den „Heiligen Geist", das höhere Bewusstsein oder Gott. Dazwischen gibt es jede Menge Mischformen.

2 – WIE ICH BEGRIFFE VERWENDE

Das Selbst – Benutze ich auch nicht, hier gilt das Gleiche wie für Geist.

Ich – Den Begriff „Ich" benutze ich meistens für den Beobachter oder für „Ich dieser Körper-Verstand". Wenn es um mein wahres Wesen geht, benutze ich den Begriff „Ich-bin-Ich", wenn ich in diesem Zusammenhang vom Körper-Verstand spreche, benutze ich den Begriff „Ego-Ich". Beim Lesen werden Sie ganz automatisch verstehen, was gemeint ist, denn wir alle verwenden den Begriff „Ich" ganz selbstverständlich.

Ego-Ich – Meint „Ich Körper-Verstand" und bezeichnet den Anteil des Ichs, der mit dem Körper-Verstand, der Vergangenheit, der eigenen Geschichte, den Vorstellungen und Bewertungen, seinen Fähigkeiten und Schwächen identifiziert ist: „Ich bin Petra Schneider."

Ich-bin-Ich – Verwende ich für das wahre Ich, das wahre Wesen, für das eine Bewusstsein, das sich seiner selbst bewusst ist. Gleichbedeutend sind die Begriffe Schöpfer, Bewusstsein, universeller Verstand, universelles Herz oder Selbst.

Bevor Sie hier weiterlesen, ist es hilfreich, einen Blick auf die Abbildung auf S. 13 zu werfen. Sie veranschaulicht, wie ich „die Welt" seit dem Erwachen wahrnehme. Hier sei bereits die Warnung ausgesprochen – auf die Sie in diesem Buch etliche Male stoßen werden – daraus keine neue Vorstellung, keine neue Wahrheit zu machen. Es ist meine Wahrnehmung.

Mehr dazu finden Sie im Kapitel 6.

Abbildung des gesamten Seins, allerdings hat das allumfassende Sein keine Grenze, es umfasst alles, etwas anderes gibt es nicht.
Das allumfassende Sein enthält das allumfassende Bewusstsein, im allumfassenden Bewusstsein ist die Schöpfung enthalten.

Wahres Wesen, wahre Natur – Das Gleiche wie „Ich-bin-Ich".

Bewusstsein – Das Grundsätzliche, Ewige. Das, was hinter allen Religionen steht. Es hat keine Aspekte oder Qualitäten, sondern ist „leer" und „beinhaltet alles". Andere Bezeichnungen: Wahrheit, Quelle, Ursprung, Tao, Einheit, Leere, Nichts, Gesamtheit, Sein, das eine Sein.

Dualität – Beide Teile der miteinander verbundenen Gegensätze, die nicht ohne den anderen existieren können, wie Tag-Nacht, gut-böse, schön-hässlich, leicht-schwierig, glücklich-unglücklich, hell-dunkel, positiv-negativ, Mann-Frau. Die irdische Welt ist die Welt der Dualität. Das Symbol der Dualität ist das Yin-Yang-Symbol, auf der einen Seite der schwarze Teil mit dem weißen Punkt, auf der anderen der weiße Teil mit dem schwarzen Punkt. Im einen Sein gibt es keine Dualität: ☯.

Konzepte – Modelle, Vorstellungen, die versuchen, die Welt zu erklären und damit ein Weltbild erzeugen, das allerdings nicht wahr sein muss. Das Atommodell von Bohr, bei dem die Elektronen wie Kügelchen um den Atomkern kreisen, ist ein solches Konzept, das heute nur noch bedingt gültig ist, früher aber als Wahrheit angenommen wurde. Im spirituellen und esoterischen Bereich gibt es unzählige Konzepte und Modelle. Solange man sie als Hilfen ansieht, die Welt oder besser eine Sichtweise zu erklären, sind sie nützlich. Sobald sie als Wahrheit angesehen werden, stehen sie dem wahren Verständnis, das jenseits der Worte und des Verstandes liegt, im Weg. So wie das Wort Vorstellung es sagt: sie stellt sich vor das, was wirklich ist.

spirituell – Die Wahrheit hinter der Welt der Formen betreffend, das wahre Wesen suchend.

feinstofflich – Im Gegensatz zu grobstofflich der Anteil des Körpers und der Welt, den man mit unseren körperlichen Sinnen nicht wahrnehmen kann.

geistige Wesen und Engel – Manche Leser kennen meine Bücher zu den Aufgestiegenen Meistern und Engeln und fragen sich jetzt vielleicht, wo die geistigen Wesen in diesem Weltbild bleiben. Für mich haben sie immer noch ihren Platz im Leben und ich arbeite auch immer noch mit den LichtWesen Essenzen und nutze die Kraft der geistigen Wesen. Allerdings hat sich mein Bild von ihnen geändert. Zuerst hatten Engel für mich eine Gestalt, die der menschlichen Form ähnelte. Dann nahm ich sie als formloses Licht wahr, heute sind sie für mich reine Energie, Aspekte des einen Bewusstseins. Engel und auch alle anderen geistigen Wesen gehören für mich genauso in die Welt der Form wie wir Menschen. Es gibt nur ein Bewusstsein und in diesem einen Sein existiert die Welt der Formen, die Schöpfung, so wie die Abbildung verdeutlicht. Und in der Welt der Formen existieren nicht nur grobstoffliche Formen, sondern auch feinstoffliche.

3.
Vom Leid zur Glückseligkeit – meine Geschichte

Der Wendepunkt

Mein Leben begann in dem Moment, als ich es beenden wollte. Meine Verzweiflung war so groß, dass sie mir unerträglich und ausweglos erschien. Hätte man mir damals erzählt, wie glücklich ich heute sein würde, ich hätte es mir noch nicht einmal vorstellen können. Nie und nimmer hätte ich es geglaubt. Doch es geschah.

Seit meiner Kindheit hatte ich das Gefühl, dass alles leicht gehen könnte, dass ein Leben in Freude und ohne Leid möglich sei. Doch ich erlebte immer wieder das Gegenteil. Mich erstaunte das. Die anderen hielten mich für weltfremd. Schließlich war auch ich davon überzeugt, dass es ein Leben ohne Leid nicht gibt. Jetzt nannten die anderen mich „realistisch". Ich resignierte.

3 – VOM LEID ZUR GLÜCKSELIGKEIT

Natürlich waren es äußere Gründe, die ich für mein Leid verantwortlich machte. Allen voran war mein damaliger Mann schuld. Heute weiß ich, wäre er es nicht gewesen, hätte es einen anderen Grund gegeben. Heute weiß ich auch, wäre mein Leben damals nur halbwegs besser gelaufen, ich wäre jetzt vermutlich nicht da, wo ich bin. Freiwillig hätte ich die Mühen, mein Leben zu verändern, nicht auf mich genommen.

Ich wollte sterben, weil das Leben mir unerträglich erschien. Damals lebte ich nach den Erwartungen anderer. Meine eigenen Wünsche und Bedürfnisse kannte ich nicht. Um sie hatte ich eine dicke Mauer gebaut. Vor allem mein damaliger Mann hatte das bewirkt. Jedes Mal, wenn ich etwas wollte, was ihm nicht gefiel, litt er und ich fühlte mich schuldig. Dann passte ich mich seinen Wünschen an und zog mich noch mehr in mich zurück. Ich resignierte und begann zu trinken. Doch weil mir übel wurde, bevor ich richtig betrunken war, wurde ich nicht zum Alkoholiker. Ich rutschte immer tiefer in Depression und hatte das Gefühl, wahnsinnig zu werden. Dabei erreichte ich einen Punkt, an dem ich genau spürte, dass ich mich nur fürs Verrücktwerden entscheiden müsste und ich würde in der Irrenanstalt landen. Ich traf keine Entscheidung, blieb normal und litt weiter still vor mich hin, so still, dass im Außen niemand etwas bemerkte. Für meine Mitmenschen war ich der hilfsbereite, sympathische, fleißige, stille Mensch, der keine Probleme hatte. Schließlich rutschte ich an den Tiefpunkt meines Lebens. Ich sah nur noch zwei Möglichkeiten: sterben oder mein Leben ändern. Ich wollte mich umbringen. Das Leben bot mir eine Alternative. Bevor ich den Entschluss in die Tat umsetzte, überredete mich mein damaliger Mann zu einer Psychotherapie, der ich nur ihm zuliebe zustimmte. Das war der Wendepunkt und

3 – VOM LEID ZUR GLÜCKSELIGKEIT

einer dieser unzähligen Zufälle, die mich konsequent und aus heutiger Sicht ziemlich schnell weiterbrachten.

Die Therapeutin war eines der zahlreichen Geschenke des Lebens. Als ich sie das erste Mal traf, war sie schon über 70, eine resolute Frau mit Lebenserfahrung und Humor. Im Alter von 40 hatte sie zusammen mit ihren erwachsenen Kindern begonnen, Psychologie zu studieren. Als ich sie kennen lernte, praktizierte sie bereits seit vielen Jahren. Normalerweise hatte sie ein Jahr Wartezeit. Aber als ich anrief, bot sich die Möglichkeit, dass ich sofort mit den Sitzungen beginnen konnte. Die Krankenkasse übernahm die Kosten. Ihr Haus lag 20 Minuten zu Fuß von dem Institut entfernt, an dem ich damals promovierte. So war es für mich leicht, ein Jahr lang zwei Mal die Woche für eine Sitzung zu ihr zu gehen. Niemandem am Institut ist meine Abwesenheit aufgefallen.

Beim ersten Besuch teilte ich ihr schon auf dem Weg in ihr Arbeitszimmer mit: „Meinen Mann werde ich nicht verlassen." Es dauerte kein Jahr, bis wir uns trennten. Alles war ganz friedlich und folgerichtig verlaufen, ohne Drama, ohne Szenen. Wir trennten uns nach 11 gemeinsamen Jahren freundschaftlich.

Kurz nach der Trennung beendete ich die Therapie. In nicht einmal einem Jahr hatte ich genug Kraft und Klarheit gewonnen, um meinem Leben eine neue Richtung zu geben: ich trug die Verantwortung, ich übernahm die Initiative.

Das war der Anfang meines Weges zu mir selbst, aber eben erst der Anfang. Nach der Therapie konnte ich zwar vieles klar durchschauen, doch von meinen Gefühlen war ich immer noch abgeschnitten. Wieder zufällig begegnete ich in der Landwirtschaftskammer einem Kollegen, der mir schon bei unserer zweiten Begegnung von einer Selbsterfahrungsgruppe

3 – VOM LEID ZUR GLÜCKSELIGKEIT

erzählte, die er organisierte. Ich wusste, dass dies der nächste Schritt war. Doch in mir gab es Widerstände. Daher stellte ich Bedingungen für die Teilnahme am Kennenlern-Wochenende. Insgeheim hoffte ich, dass mindestens eine dieser Bedingungen nicht erfüllt werden würde. Doch sie wurden alle erfüllt. Beim Einführungswochenende erlebte ich in einer Atemsitzung ein überwältigendes Glücksgefühl und eine nie gespürte Kraft. Diese Gefühle waren nicht von außen gekommen, sie waren in mir. Das war ich wirklich und nicht dieses unglückliche, verzweifelte Wesen. Ich meldete mich für die einjährige Gruppe an.

Der Zustand von Kraft und Glück verschwand nach einigen Tagen wieder, so wie ich es später immer wieder erlebte. Aber er hatte eine Tür geöffnet, eine Tür zu dem, was wirklich war. Eine Tür zum Glück. Ich wollte diese Kraft, dieses Glück immer spüren.

Doch es ging weiterhin auf und ab. Die Veränderungen passierten zuerst unmerklich und unendlich mühsam. Manchmal glaubte ich, gewaltig weitergekommen zu sein. Doch dann schien es wieder, als hätte ich mich nur im Kreis gedreht, als hätte sich nichts bewegt, ja wäre sogar noch schlimmer geworden. Aber jetzt gab ich nicht mehr auf. Der Wunsch nach einem erfüllten und bewussten Leben ließ nicht mehr locker. Etwas trieb mich, herauszufinden, ob ich mein Leben beeinflussen konnte und wenn ja, wie. Ich probierte alles mir nützlich Erscheinende aus: Atemtherapie und Meditation, weitere Selbsterfahrungsgruppen, die Kraft der Gedanken und Reiki, Farbtherapie und Reinkarnation. Der Liste ließe sich noch vieles hinzufügen, und meine Erlebnisse wiederholten sich unzählige Male: Ich entdeckte Kraft und Freude in mir, jubelte im Hochgefühl. Es ging mir wunderbar. Das war mein wahres Ich. Doch spätestens ein paar Tage nach dem Seminar oder der Sitzung holten mich die negativen Gefühle wieder ein. Die Hochstimmung verschwand. Ich litt und fragte mich, was nun wirklich war: War das Hochgefühl real und wurde nur immer wieder vom Leid unterbrochen, oder waren die Glücksmomente eine Unterbrechungen im normalen Leid? Nur langsam begann mir zu dämmern, wie ich mir selbst das Leben schwer machte und immer wieder zum Leiden zurückkehrte.

Auch wenn ich im Nachhinein sehen kann, wie es stetig besser wurde, in den Situationen selbst glaubte ich, das Leid würde nie aufhören. Es erschien mir als ewig gleicher Kreislauf. Immer wieder kam ich an den Punkt, an dem ich nicht mehr leben wollte. Und immer wieder ging es bergauf. Bis zum nächsten Absturz und dem nächsten Bergauf. Schließlich führte das Leben mich aus dem tiefsten Abgrund über ekstatische Höhen zu einem Glück, das über Freude und Leid hinausging. Ich erwachte. Doch bis dahin verging einige Zeit.

Die Suche

Als ich das erste Mal von Erleuchtung hörte, wurde es als das Ende des Leidens und der Wiedergeburten beschrieben. Ich wusste sofort, das wollte ich: nie mehr geboren werden, das irdische Leben ein für alle Mal beenden, nie mehr leiden. Mein Verstand hatte einen vernünftigen Grund, weshalb er Erleuchtung wollte. Dass es in Wahrheit eine grundlose Sehnsucht war, die mich trieb, konnte ich damals noch nicht erkennen. Es hätte mich auch abgeschreckt.

Ich begann zu meditieren, denn Meditation wurde als der Weg zur Erleuchtung beschrieben. Meditationen kannte ich aus der

Selbsterfahrungsgruppe. Dort hatten wir die unterschiedlichsten Arten praktiziert, vom stillen Sitzen über Bewegungsmeditation bis zur Osho Dynamic mit Hüpfen und Schreien. Als ich das erste Mal die Dynamic machte, war sie mir äußerst suspekt. Das sollte Meditation sein? Unter Meditation hatte ich mir immer vorgestellt, still zu sein und nichts zu tun. So stand es wenigstens in den Büchern, die ich gelesen hatte. Doch während beim stillen Sitzen in meinem Kopf die Gedanken tobten, erlebte ich bei der Dynamic zum ersten Mal Stille. Anfangs waren es nur winzige Momente, doch dann wurden sie immer länger. Aber auch andere beeindruckende und berauschende Gefühle traten auf. Am Ende jeder Dynamic, gleichgültig, was während der Meditation passiert war, fühlte ich mich ruhiger und mehr ich selbst. Trotzdem hasste ich die Dynamic-Meditation, die wir jeden Samstag im Morgengrauen machten. Ich kämpfte jedes Mal aufs Neue, sie nicht zu schwänzen.

Ich meditierte also. Doch nach einiger Zeit verlor ich die Lust und ließ es wieder sein. Da half nur ein Trick: ich suchte mir eine Gruppe mit regelmäßigen Terminen. Das Osho-Center in Köln, wo regelmäßig verschiedene Meditationen angeboten wurden, war die ideale Lösung. Dort hörte ich dann auch von Osho, einem erleuchteten Lehrer, der allerdings zu diesem Zeitpunkt nicht mehr lebte. Und in der „Sanyas-Disco" um die Ecke, in die ich regelmäßig tanzen ging, lernte ich Gerhard kennen und verliebte mich.

Mit Gerhard begann ein neuer Abschnitt. Er meditierte auch, er wollte ebenfalls sein wahres Wesen erkennen und erleuchtet werden. Außerdem faszinierten ihn die feinstofflichen Energien und alternativen Heilweisen genauso wie mich. Schließlich war unsere Begeisterung so groß, dass wir beschlossen, Heilpraktiker zu werden.

3 – VOM LEID ZUR GLÜCKSELIGKEIT

Gerhard arbeitete damals bei IBM, ich in der Landwirtschafts-kammer. Nach meiner Beamtenausbildung hatte ich genau die Stelle bekommen, von der ich geträumt hatte. Die Arbeit machte mir Spaß, meine Kollegen und mein Chef waren ausgesprochen nett und sympathisch. Doch je mehr ich die andere Seite in mir entdeckte, desto stärker wurde der Wunsch, mit den feinstoffli-chen Kräften zu arbeiten. Ich stellte mir vor, wie es wäre, wenn ich mein 25-jähriges Dienstjubiläum hätte. Den Termin kannte ich bereits, er wurde mir schon im ersten Monat als Beamtin schriftlich mitgeteilt. Die Vorstellung, bis zu diesem Zeitpunkt Beamtin zu sein, erzeugte ein Gefühl von „mein Leben verpasst zu haben". Ich konnte mir nicht vorstellen, damit glücklich zu werden, auch wenn der Job und die Karriereaussichten gut waren. Als dann von einer deutschen Heilpraktikerschule eine Ausbildung im Osho-Zentrum in Poona, Indien, angeboten wurde, gab das den Ausschlag. Gerhard und ich kündigten und gingen für ein Jahr nach Indien. Auch wenn ich später oft von der Angst vor dem Verhungern überfallen wurde, habe ich diesen Schritt nie bereut. Wenn die Angst zu groß wurde, tröstete ich mich mit dem Wissen, dass meine Mutter mich im Putzen so gedrillt hatte, dass ich zur Not immer noch als Putzfrau arbeiten könnte. Ich brauchte es nie.

Wir lösten unsere Wohnungen auf und gingen nach Poona, frühzeitig genug, um noch Zeit zu haben, an anderen Gruppen teilzunehmen, bevor die Heilpraktikerausbildung begann. In einer dieser Gruppen gab es die Übung: „Was würde ich tun, wenn ich nicht … machen würde?" Meine Partnerin und ich waren mit dem ersten Durchgang dieser Übung so schnell fertig, dass noch Zeit für einen zweiten Durchgang blieb. Und obwohl ich ihr den Vortritt ließ, blieb noch genug Zeit, dass auch ich diese Übung noch einmal machte. Aber mir fiel kein vernünftiges Thema mehr ein. Nur zum Spaß setzte ich deshalb ein: „Was würde ich tun, wenn ich die Heilpraktikerausbildung nicht machen würde?" Das Ergebnis war erschütternd. Durch diese „Nur zum Spaß"-Übung erkannte ich, dass ich überhaupt nicht Heilpraktikerin werden wollte. Die Vorstellung, tagtäglich mit den Krankheiten und Beschwerden anderer Menschen konfrontiert zu sein, schreckte mich ab. Ich stürzte in einen bodenlosen Abgrund.

Die Gruppe machte nach der Übung eine Pause. Ich zog mich in eine Ecke zurück und konnte die verzweifelten Tränen nicht stoppen. Alles hatte ich aufgegeben, hatte es allen erzählt. Nun hing ich im luftleeren Raum, ohne Perspektive, ohne Ziel, ohne Erklärung für andere. Was sollte ich nun tun? Noch bevor die Pause zu Ende war, erkannte ich etwas, was ich noch nie zuvor bemerkt hatte, obwohl es schon immer mein Leben beeinflusste: In mir gab es einen Teil, der es nicht ausstehen kann, wenn er weiß, wie das Leben weitergeht. Dieser Teil liebt das Abenteuer und die Ungewissheit. Schon früher hatte dieser Teil bewirkt, dass ich immer wieder etwas Neues begonnen hatte, wenn die Tätigkeit zur bekannten Routine geworden war. Ich hatte es nur nie bemerkt. Dieser Teil wollte jetzt keine faulen Kompromisse, nur damit eine vernünftige Fassade gewahrt blieb. Und er wollte ein erfülltes Leben, auch wenn noch nicht klar war, wie das aussehen würde. Ich sagte die Heilpraktiker-Ausbildung wieder ab. Sie war nur der Köder gewesen, ohne den ich diesen Schritt nie gemacht hätte.

Da alles für die Zeit in Poona organisiert war, blieb ich. Es gab ein vielfältiges Angebot an Selbsterfahrungsgruppen und Trainings. So nutzte ich die Zeit für die Arbeit an mir selbst und die Ausbildung in unterschiedlichsten Techniken. Doch die beste Zeit hatte ich, als ich im Samadhi arbeitete. Der Samadhi in Poona ist ein Platz der Stille und Meditation. Meine Arbeit bestand darin, bei den Meditationen anwesend zu sein und die Räume in Ordnung zu halten. Täglich nahm ich an mehreren stillen Meditationen teil. Nie wieder in meinem Leben habe ich so viel meditiert. Oft schwieg ich den ganzen Tag. Durch die Kraft dieses Platzes, das Schweigen und die zahlreichen Meditationen, wurde ich erfüllt von Stille und Glückseligkeit. Manchmal hatte ich das Gefühl, so viel Glück könnte ich nicht aushalten. Obwohl diese Erfahrung überwältigend war, nahm ich nach einiger Zeit wieder an Trainings teil und begann selbst Sitzungen zu geben und Gruppen zu leiten. Die Vernunft riet mir, so viel Praxis und Techniken zu sammeln wie ich konnte. Mit Glückseligkeit könne ich schließlich kein Geld verdienen, meinte der Verstand.

Die Rückkehr nach Deutschland war wie der Sprung ins kalte Wasser. Ich hatte keine Ahnung, wie es weitergehen würde. Doch das Leben sorgte für mich. Es gab Menschen, die sich für das interessierten, was ich gelernt hatte. So begann ich, Seminare zu leiten und Sitzungen zu geben. Mein Leben drehte sich um das Thema „sich selbst entdecken". Ich erforschte mich und begleitete andere. Die Arbeit erfüllte mich und ich verdiente genug, um davon leben zu können. Doch nach einiger Zeit überkam mich eine Unruhe. Etwas Neues wollte in mein Leben, doch ich konnte nicht erkennen, was.

Das Neue waren die geistigen Wesen und die LichtWesen Essenzen. In einer Zeit, als Gerhard und ich diszipliniert jeden Morgen joggten, meditierten und uns anschließend öffneten, um Botschaften zu empfangen (zu channeln), meldeten sich die Aufgestiegenen Meister und machten uns das Angebot, mit

3 – VOM LEID ZUR GLÜCKSELIGKEIT

ihren Energien zu arbeiten. Mein Herz jubelte. Das war es, wonach ich gesucht hatte. Es war die Krönung meiner bisherigen feinstofflichen Arbeit. Doch gleichzeitig zweifelte ich. Jedem anderen hätte ich es zugetraut, nur mir nicht. Wie sollte ich das machen? Die Faszination überwog. Trotz der Zweifel ließ ich mich ein. Und die Vorstellung, mich nie wieder mit „dem irdischen Kram" herumplagen zu müssen, wenn ich diese Arbeit tat, war zu verlockend. Hätte ich damals gesehen, was es wirklich bedeutet, die Energien der geistigen Wesen an Materie zu binden und sie Menschen zur Verfügung zu stellen, ich hätte diesen Job abgelehnt. Nie zuvor habe ich so viel mit „irdischem Kram" zu tun gehabt. Nie zuvor habe ich so viel gearbeitet und so viele weltliche Schwierigkeiten und Hindernisse bewältigt. Nie zuvor habe ich mich so intensiv mit mir selbst, meinen Fähigkeiten und Schwächen, meinen Blockaden und Verhaltensmustern auseinander gesetzt. Nie zuvor habe ich mir so genau meine Vorstellungen von Partnerschaft, erfülltem Leben und meine faulen Kompromisse, die ich aus Bequemlichkeit oder Harmoniestreben aufrecht hielt, anschauen müssen. Ich traute mich, bis auf den Grund zu schauen, um zu erkennen, was ich wirklich wollte. Durch die geistigen Wesen und die LichtWesen Essenzen mit den hoch schwingenden feinstofflichen Energien kam ich ganz auf der Erde an. Ich lernte, mit beiden Beinen im Leben zu stehen. Auch wenn ich diesen Job oft verwünschte, wenn die Schwierigkeiten zu groß wurden, heute bin ich dankbar dafür.

Im Frühjahr 2001 erhielt ich ein neues Geschenk aus der geistigen Welt. Damals ahnte ich nicht, dass dies eine entscheidende Unterstützung fürs Erwachen werden würde.

Im Jahr 2000 hatte ich in Meditationen immer wieder den Hinweis erhalten, dass es ein neues Seminar geben würde und

3 – VOM LEID ZUR GLÜCKSELIGKEIT

dass ich mir Zeit nehmen sollte, mich einzustimmen. Doch wie so oft war in der Firma viel zu tun, ich fühlte mich unabkömmlich. Obwohl das Gefühl, dass es Zeit für das Neue würde, immer drängender wurde, ließ ich mich vom Trott des Alltags fesseln. Ich hatte keine Zeit. Wieder einmal sorgte das Leben dafür, dass geschah, was geschehen sollte. Ich brauchte nur noch Ja zu sagen. Gerhard und ich waren auf einem Seminar in England, als wir aufgrund vieler Zufälle eine Bekannte aus Israel wiedertrafen, die wir aus Poona kannten. Seit Jahren hatten wir sie nicht gesehen und wussten auch nicht, wo sie war und was sie machte. Als wir unser Mietauto zurückbrachten, verfuhren wir uns, verpassten einen Zug, der nächste fiel wegen eines Bahnstreiks aus und wir warteten am Bahnsteig auf einen Zug, der trotz Streiks fahren würde. Unsere Bekannte Padmini stieg genau vor unseren Füßen aus einem anderen Zug aus. Sie kam aus Argentinien und war auf dem Weg nach Japan, um dort ein Seminar zu halten. Dabei machte sie in England einen Zwischenstopp, um Freunde zu besuchen. Die Wahrscheinlichkeit, im Lotto zu gewinnen, ist vermutlich größer, als sie unter diesen Umständen zu treffen und wiederzuerkennen. Wir tauschten Adressen aus und wenige Monate später besuchte sie uns in Darmstadt. Als sie uns von ihrem Seminar erzählte, wusste ich: Dies ist die Chance. Während dieses Seminars finde ich den Rahmen und die Zeit für mein neues Seminar. Ich hatte zwar noch keine Ahnung, was geschehen und wie es ablaufen würde, doch ich wusste, wenn ich nach Israel fuhr, würde dort mein neues Seminar durchkommen. Ich nutzte dieses Angebot des Lebens.

Im Januar 2001 fanden Gerhard und ich uns in Israel in der Nähe des Sees Genezareth wieder und besuchten Padminis Seminar. Während die anderen Teilnehmer Padminis Technik lernten, mit der Energie von Merlin zu arbeiten, passierte für mich etwas gänzlich anderes. Ich erhielt die Einweihungen in die Touch of Oneness-Energie. Die geistigen Wesenheiten Metatron, Christus, Maria und Ra klärten meine Aura und meinen Körper, insbesondere den Wirbelsäulenkanal, und weihten mich in unterschiedliche Aspekte des einen Bewusstseins ein. Ich tauchte ein in Liebe, Weisheit und Eins-Sein, dehnte mich über die Grenzen meiner bisherigen Wahrnehmung hinaus aus und integrierte Bewusstsein in den Körper. Mein Glück wäre vollkommen gewesen, hätte es nicht Padminis Seminar gegeben. Ich nannte es „eines jener Geschenke, die man am liebsten wieder zurückgeben will". Es kostete mich große Überwindung zu bleiben. Draußen war wundervolles sonniges Wetter und wir saßen eng gequetscht in einem muffigen, schmutzigen, neonbeleuchteten Kellerraum ohne uns zu bewegen. Ich ließ Erklärungen und Geschichten über mich ergehen, die ich zum Teil schon in- und auswendig kannte, und andere, die haarsträubend waren. Als die Teilnehmer dann auch noch energetisch über den Bauchnabel miteinander und mit allen anderen Teilnehmern, die je dieses Seminar besucht hatten und besuchen würden, verbunden wurden, flippte ich aus. Mir war immer wichtig gewesen, dass jeder den direkten Kontakt mit der Quelle erlangt und dabei von keinem anderen Menschen abhängig ist. Techniken und Essenzen sind für mich Hilfsmittel, die den Weg erleichtern, so wie ich ein Auto nutze, um nicht zu Fuß gehen zu müssen. Aber Abhängigkeit kam für mich nicht in Frage. Trotz meines Widerwillens blieb ich bis zum Ende. Dann erst erkannte ich, dass es sich gelohnt hatte, nicht nur, weil ich ins Touch of Oneness eingeweiht worden war. An diesem negativen Beispiel wurde mir klar, was für mich und das Touch of Oneness-Seminar wichtig war: ein schöner Raum, gutes Essen, körperliche Bewegung für die Integration der feinstofflichen Energien und vor allem, dass jeder selbst den Kontakt zur Quelle herstellt und unabhängig von anderen Menschen bleibt.

Nach dem Seminar hatten wir noch ein paar Tage Zeit und besuchten Jerusalem. Das war ein wirkliches Geschenk! Obwohl ich auch Angst und Hass spürte, lag über allem eine tiefe Liebe. Mir schien, als könne ich die Präsenz von Jesus spüren. Aufgrund der Unruhen waren kaum Touristen da, so dass wir meistens die einzigen Besucher an den historischen Plätzen waren. Oft saßen wir schweigend da und genossen die besondere Energie. Die Sehnsucht nach der Wahrheit wuchs. Ich wollte mich ganz in der bedingungslosen Liebe auflösen und eins sein. Manchmal war die Sehnsucht so überwältigend, dass Tränen kamen. Das, was sich während der Einweihungen in die Touch of Oneness-Energie geöffnet hatte, vertiefte sich hier.

Die Sehnsucht nach der Wahrheit war durch das Touch of Oneness und die Energien in Jerusalem so stark wie nie zuvor. Ich begann wieder, regelmäßig zu meditieren, las Bücher von Erleuchteten und besuchte Satsangs, ein Zusammensein mit lebenden Erleuchteten.

Nach der Einweihung in die Touch of Oneness-Energie erhielt ich zwei Übungen aus der geistigen Welt. Die erste war: „Keiner liebt mich". In dieses Gefühl sollte ich eintauchen. Die zweite Übung war die Frage: „Wer hat das Problem?" Insbesondere wenn mich Schuldgefühle plagten und bei Unstimmigkeiten mit anderen sollte ich sie stellen. Diese Übungen waren genial. Zuerst fiel es mir schwer, die Vorstellung zuzulassen, dass mich keiner liebt. Dabei ging es natürlich nicht nur um die pauschale Vorstellung, dass die ganze Welt mich nicht liebt. Es bezog sich

3 – VOM LEID ZUR GLÜCKSELIGKEIT

auf konkrete Personen. Ich stellte es mir vor bei meinen Geschwistern, meinen Eltern, Mitarbeitern, Seminarteilnehmern, Freunden und bei Gerhard, bei allen, von denen ich gemocht oder zumindest geschätzt werden wollte. Zuerst war es nur halbherzig, denn der Schmerz, der sich dabei auftat, war groß. Dieser Schmerz spülte verdeckte Verhaltensmuster und Sätze hoch: „Ich habe so viel für dich getan und jetzt liebst du mich nicht mehr. Ich habe mich immer zurückgehalten und das ist nun der Dank. Ich bin alleine und eigentlich will mich keiner. Ich muss mir die Liebe verdienen. Man liebt mich nicht um meinetwillen, sondern nur weil ich etwas leiste, die Erwartungen erfülle, großzügig, freundlich, hilfsbereit bin." Mehr und mehr erkannte ich, dass ich Liebe immer noch als ein Geschäft betrachtete, bei dem ich in Vorleistung trat. Ich gebe und tue, dafür musst du mich mögen. Intellektuell hatte ich das schon lange gewusst und ich hatte dieses Thema auch schon öfter angeschaut und bearbeitet. Doch diesmal drang ich bis zum Grund vor. Es war nicht nur ein Wissen. Mit ganzer Kraft spürte ich den Schmerz und die Enttäuschung, die mit dem Gefühl verbunden war, etwas leisten zu müssen, um geliebt zu werden. Ich war es nicht wert, einfach nur so geliebt zu werden. Doch dann passierte etwas Verblüffendes: Je mehr ich dieses Gefühl „Keiner liebt mich" akzeptierte, desto mehr Freiheit gewann ich. Ich hatte Tränen und Resignation erwartet, doch nun erlebte ich Weite, Freude und eine noch größere Leichtigkeit. Wenn mich keiner liebte, brauchte ich NICHTS mehr für andere zu tun, was ich nicht wollte. Ich brauchte keine faulen Kompromisse mehr zu machen. Ich brauchte mich nicht mehr zu verstecken. Ich konnte mir meine Wünsche zugestehen und tun, was ich wollte. Wenn Gerhard in dem Buch las, das ich hatte, bevor ich ihm einen Tee kochen ging, forderte ich es jetzt zurück, statt mir etwas anderes zum Lesen zu suchen. Ich stellte meine Wünsche nicht länger hinter seine. Ich genoss die Zeit mit ihm, wenn er gut gelaunt war. War er übellaunig, ging ich spazieren, setzte mich in den Garten oder war allein in meinem Zimmer. Ich redete nicht, wenn ich nicht reden wollte. Ich ging alleine ins Kino, wenn er nicht mitwollte. Ich sagte Einladungen ab, wenn ich keine Lust hatte, hinzugehen. Ich meldete mich nicht mehr bei Freunden, wenn ich es nur aus Pflichtgefühl tat. Ich nahm nur noch mit ihnen Kontakt auf, wenn ich es wirklich wollte. Nachmittags drehte ich meine Tanzmusik auf, ohne mir Gedanken zu machen, was die Nachbarn zu meinem Musikgeschmack sagten. Allerdings hörte ich die Musik zu Ruhezeiten nur leise. Das war eine weitere verblüffende Erkenntnis: Ich wurde durch die Freiheit nicht rücksichtslos oder egoistisch. Das war eine weitere versteckte Angst gewesen. Ich fürchtete egoistisch zu werden, dass ich nichts mehr für andere tun würde, wenn ich ohne Einschränkung meine Wünsche erkannte und frei wäre von dem gegenseitigen Austausch von Tätigkeiten für Liebe. Doch das Gegenteil passierte: das was ich tat, tat ich freiwillig, bedingungslos und gerne. Ich erkannte so deutlich wie nie, welche Freude es mir bereitete, andere zu unterstützen oder für sie etwas zu tun, ohne dafür eine Gegenleistung zu erwarten. Die Energie, die durch mich strömte, strömte nun ohne Filter oder Hintergedanken und erfüllte mich mit Freude. Der Respekt vor den Bedürfnissen anderer und der Wunsch, dass es auch ihnen gut geht, war tief in mir verankert. Nun erkannte ich deutlich, dass beides möglich ist. Ich konnte meine Wünsche leben und die Bedürfnisse anderer akzeptieren. Wenn ein Konflikt zwischen beidem auftrat, musste ich eben eine Lösung finden.

3 – VOM LEID ZUR GLÜCKSELIGKEIT

Die faszinierendste Erkenntnis dieser Übung war, dass ich bisher geglaubt hatte, dass andere Menschen mich nicht mögen, wenn ich mich nicht verbiege und ihren Erwartungen entspreche. Ich fürchtete, sie würden mich schrecklich finden, weil ich in Wahrheit schrecklich bin. Deshalb musste ich mich verstellen. Nun erlebte ich, dass es für andere leichter ist, wenn ich so bin, wie ich bin, wenn ich sage, was ich meine. Abgesehen davon, ich bin nicht schrecklich. Doch selbst wenn es so wäre, wer hat das Problem?

Das war die zweite Übung: „Wer hat das Problem?" Sie war mit der ersten verknüpft. Das merkte ich bald. Mein Verhalten veränderte sich natürlich durch die erste Übung. Ich machte weniger faule Kompromisse. Und ich konnte mich auch nicht mehr selbst belügen mit der Ausrede, dass ich den faulen Kompromiss aus Liebe zum anderen machte. Früher war ich zum Beispiel mit Gerhard in die Sauna gegangen, obwohl ich lieber zu Hause ein Video geschaut hätte. Wenn ich jetzt mit ihm in die Sauna ging, dann weil ich mich dafür entschieden hatte. Die Begründung „ihm zuliebe" konnte ich nicht mehr anführen. Und wenn ich keine Lust hatte, ging ich nicht. Wenn Gerhard eine Einladung zu Freunden angenommen hatte, obwohl er auch nicht hinwollte, ging ich nicht mit. Manche Arbeiten in der Firma, die eigentlich in Gerhards Bereich fielen, für die ich mich jedoch immer verantwortlich gefühlt hatte, machte ich nicht mehr. Natürlich war das am Anfang nicht leicht, die alten Verhaltensweisen saßen noch zu fest. Schuldgefühle, eines meiner hartnäckigsten Themen, waren an der Tagesordnung. Doch mit der Zeit ging es immer leichter, denn ich stellte fest, dass ich nur dann das Problem hatte, wenn ich mir ein Problem daraus machte. Wenn ich Schuldgefühle hatte, hatte ich das Problem. Wenn ich keine hatte, ging es mir gut. Nach anfänglichen Schwierigkeiten wurde mein Leben und unsere Beziehung immer leichter. Ich stellte fest, dass ich viele Arbeiten und Pflichten übernahm, weil ich sie tun wollte und nicht, weil ich sie tun musste. Früher hatte ich immer geglaubt, ich hätte keine andere Wahl, als diese Arbeiten zu übernehmen. Unter dieser Vorstellung litt ich natürlich. Andererseits nutzte ich das Guthaben an guten Taten, um es Gerhard oder anderen bei passender Gelegenheit um die Ohren zu schlagen: „Ich habe schon so viel für dich getan, jetzt musst du aber …"

Durch die Frage „Wer hat das Problem?" lernte ich auch, genauer hinzuschauen, wenn eine disharmonische Situation auftrat. Unstimmigkeiten konnte ich noch immer nicht gut aushalten. Ich war harmoniesüchtig. Mit einer Bekannten kam es zu einem Zerwürfnis, weil ich ihr ehrlich gesagt hatte, wie ich ihr Verhalten wahrnahm. Eine solche Äußerung war sie von mir nicht gewohnt. Sie rief nicht mehr an und brach den Kontakt ab. Ich wusste, dass sie von meiner Äußerung getroffen war. Einige Tage machte ich mir Vorwürfe, so direkt gewesen zu sein. Endlich erinnerte ich mich zu fragen: „Wer hat das Problem?" Das Problem hatten wir beide, solange ich mir Vorwürfe machte. Akzeptierte ich mein Verhalten, hatte nur noch sie das Problem. Denn in unserer Beziehung hatte ich mehr gegeben als erhalten.

Mit der Frage trainierte ich, genauer hinzuschauen. Wenn ich mir die Frage stellte, analysierte ich die Situation und sah, welches Problem es überhaupt gab. Vorher hatte ich nur dann genau hingeschaut, wenn es unerträglich wurde. Nun erkannte ich das Problem viel schneller und sah auch, dass mein Erleben der Situation nicht immer im richtigen Verhältnis zum Problem stand.

3 – VOM LEID ZUR GLÜCKSELIGKEIT

Es hatte eine Auseinandersetzung gegeben, und ich war in Weltuntergangsstimmung. Oder ich hatte eine Arbeit zugesagt und konnte sie dann doch nicht erledigen. Oder ich wollte mich mit einer Bekannten treffen und hatte dann doch keine Lust. Vorher die Katastrophe mit einem Berg von Schuldgefühlen, nun ein Erkennen, was das Problem war und wer es hatte. Hatte ich es, war klar, dass ich damit entweder leben oder es lösen musste. Oft reichte, mit dem anderen zu sprechen, zu beschreiben, was in mir vorgegangen war oder einen Fehler zuzugeben. Hatte der andere das Problem, gab es nichts zu tun. Damit es mir wieder gut ging, musste ich „nur" die unangenehmen Gefühle ziehen lassen. Es dauerte zwar manchmal einige Zeit, bis die Gefühle sich gelöst hatten und die kreisenden Gedanken zur Ruhe gekommen waren, doch es fiel wesentlich leichter, weil ich klar sah, was es war.

Diese beiden Übungen waren eine entscheidende Hilfe für das, was folgte. Sie lösten noch einmal gründlich Verstrickungen und alte Muster, Verhaltensweisen wie mich anpassen, nett sein, keine Wahl haben. Diese Verhaltensweisen waren zwar nicht mehr so stark wie früher, aber im Grunde immer noch die gleichen Muster, die mich zu dem Punkt geführt hatten, an dem ich mich umbringen wollte. Nun bemerkte ich sie schneller und hatte die freie Wahl: ich konnte ihnen folgen, konnte aufgrund eines schlechten Gewissens jemanden besuchen, obwohl ich lieber zu Hause geblieben wäre, oder ich konnte absagen und das schlechte Gewissen, dass der andere jetzt enttäuscht war oder sich zurückgesetzt fühlte (sein Problem), akzeptieren. Es war meine Entscheidung. Ich hatte „nur" die Konsequenzen zu tragen.

Nach dieser Übung hatte ich die freie Wahl. Was aber nicht hieß, dass diese Verhaltensweisen nicht mehr auftauchten oder dass ich die damit verbundenen unangenehmen Gefühle nicht mehr spürte. Es war immer noch unerfreulich. Aber ich konnte nun wirklich frei entscheiden, was ich tun wollte.

Phänomene auf der Schwelle

Ich brauchte eine längere Auszeit, nur für mich, ohne Firma, ohne Seminare, ohne Verpflichtungen. Es gab keinen vernünftigen Grund dafür. Weder hatte ich ein neues Projekt, für das ich eine kreative Pause brauchte, noch war ich überlastet oder am Ende meiner Kraft wie im Jahr zuvor. Da hatte ich mich völlig verausgabt. Unter der Woche arbeitete ich in der Firma, oft mehr als zehn Stunden am Tag ohne Pause. An den Wochenenden hielt ich häufig Seminare. Montags war ich wieder in der Firma. Das hatte ich nun anders organisiert. Ich bot weniger Seminare an, nahm mir nach den Seminaren frei und delegierte Aufgaben. Jetzt brauchte mich die Firma weniger als vorher. Auch zu Hause hatte ich genug Freiraum. Oft saßen Gerhard und ich auf der Terrasse, schauten ins Grün des Gartens und taten nichts. Friede erfüllte uns. Meistens hatten wir keine Lust zu reden, weder miteinander noch mit Freunden oder Bekannten. Wir genossen die Stille. Trotzdem es mir also gut ging, wurde das Gefühl, dass ich eine Zeit ohne alltägliche Pflichten brauchte, immer stärker. Ich spürte, wenn ich sie nicht freiwillig nahm, würde ich durch Krankheit oder ein anderes Ereignis dazu gezwungen werden. Dann lieber freiwillig! Zu Hause war eine Auszeit nicht möglich, da war ich erreichbar und die Firma um die Ecke. Da würde ich gefragt und einbezogen werden, da würde ich mich zuständig und verpflichtet fühlen. Also musste ich weg.

Im Jahr zuvor verbrachten Gerhard und ich unseren Urlaub auf den Seychellen, einer kleinen Inselgruppe mitten im Indischen

3 – VOM LEID ZUR GLÜCKSELIGKEIT

Ozean. Ich hatte mich dort verliebt, ins Meer. Es besaß auf den Seychellen eine Kraft, wie ich sie noch nie zuvor erlebt hatte. Als wir die Inseln verließen, erlebte ich das erste Mal in meinem Leben Heimweh. Selbst als Kind hatte ich nie Heimweh gespürt. Als wir nach Deutschland zurückflogen, weinte ich zum ersten Mal in meinem Leben Abschiedstränen. Diese Insel erschien mir nun genau richtig. Ich war bereit, den Preis dafür zu zahlen, nicht nur den finanziellen. Durch die Entscheidung, drei Monate „weg zu sein", begann sich bei unseren Mitarbeitern etwas zu verändern. Ich hatte gedacht, dass es kein Problem werden würde. Wir wählten den Winter, dann waren Weihnachtsferien und neben dem alltäglichen Versand nichts Wesentliches zu tun. Alles, was es Außergewöhnliches gab, wollten wir vorher erledigen. Dennoch registrierte ich eine Anspannung und manchmal auch Neid bei den Mitarbeitern. Es gab Auseinandersetzungen und längere Krankheitsausfälle, die es vorher nicht gegeben hatte. Doch das alles konnte den inneren Frieden, den ich in diesem Jahr spürte, nicht trüben. Nur selten überfielen mich Sorgen und die ermüdenden inneren Zwiegespräche, ob ich das Richtige machte, ob es gut gehen würde, ob sich das Risiko lohnte. Tief in mir war eine unerschütterliche Gewissheit, dass diese Auszeit jetzt dran war.

Der tiefe Frieden war auch während der Alltagsschwierigkeiten präsent. Nie zuvor in meinem Leben hatte ich ihn so langanhaltend und deutlich gespürt. Nur selten gelang es äußeren Ereignissen, ihn zu verdrängen. Er war einfach da. Ich musste nichts dafür tun. Ich konnte auch nichts dafür tun. Immer wenn mich die Unruhe wieder einfing, versuchte ich mit allen mir zur Verfügung stehenden Techniken wieder in den Frieden zu kommen. Die Wogen glätteten sich zwar, doch der tiefe Friede kam und ging, wie er wollte.

3 - VOM LEID ZUR GLÜCKSELIGKEIT

Trotz des inneren Friedens ratterte mein Verstand. So wie das Herz ununterbrochen schlägt, denkt der Verstand ununterbrochen. Der Unterschied ist nur, dass ich es beim Herzen nicht bemerke. Die Gedanken waren wie ein Radio, das ständig lief. Das Radiobild half mir. Genauso wie beim Radioprogramm gab es Gedanken, die meine Aufmerksamkeit einfingen, so als würde ich in meiner Tätigkeit innehalten, um dem Sprecher im Radio zu lauschen. Doch in dem Moment, in dem mir das bewusst wurde, hatte ich meistens die Möglichkeit, die Aufmerksamkeit wieder vom Radio abzuwenden. Die Gedanken konnten im Hintergrund weiterlaufen.

Gleichzeitig mit der Stille gab es auch Unruhe, so paradox das klingt. Doch es war so. Es lässt sich vergleichen mit einem bewölkten Himmel: Die Stille war der Himmel, die Unruhe zog wie die sich bewegenden Wolken die Aufmerksamkeit auf sich. In den Momenten, in denen ich nichts tat, überfiel mich diese Unruhe und fragte: „Was kann ich jetzt tun?" Ich saß im Garten, genoss die Sonne, und die Frage tauchte auf. Ich las, und die Unruhe ließ mich suchen, was ich Wichtigeres machen könnte. Dieser ständige Drang, etwas tun zu müssen, war mir früher nie aufgefallen. Warum? Weil ich ständig etwas tat. Das erkannte ich jetzt. Selbst beim Meditieren tat ich etwas, ich meditierte, um innere Bilder zu bekommen, um klarer zu werden, um ruhig zu werden oder um zu erwachen. Meditation war eine zielgerichtete Tätigkeit gewesen, nicht *nichts tun,* nicht *einfach nur da sein.* Doch jetzt, wo ich wirklich nichts tat, außer in die Natur zu schauen, ohne Ziel, ohne Absicht, ohne damit etwas erreichen zu wollen oder um mich zu erholen, jetzt begann der Verstand zu rotieren und nach Tätigkeiten zu suchen.

Aus der geistigen Welt bekam ich den Hinweis, dass ich meinen Verstand mit irgendetwas beschäftigen solle, damit er sich nicht immer wieder in das einmischte, was sich auf einer anderen Ebene entfaltete. So begann ich einen Roman zu schreiben. Damit konnte sich der Verstand auch in den Momenten beschäftigen, in denen ich die Stille genoss.

Von Osho hatte ich gelernt, mich zu beobachten. Das war seit meiner Zeit in Poona ein wichtiger Schlüssel, um mich, meine Verhaltensweisen und die Gründe für Handlungen und Gefühle zu durchschauen. In all den Jahren hatte ich trainiert, klar hinzuschauen. Dadurch war es mir jetzt möglich zu unterscheiden, welche Impulse aus der inneren Weisheit und welche aus den Erfahrungen und Ängsten der Vergangenheit kamen. In Paniksituationen konnte ich nun trotz lähmender Angst erkennen, was zu tun war. Dieser Beobachter wurde nun zusehends stärker. Da er nicht wertete, sondern alles interessiert wahrnahm, lachte ich immer öfter über Situationen, die mich vorher völlig aus der Bahn geworfen hatten. Selbst über die Angst, dass die Firma unsere Auszeit nicht überleben würde, gelang es mir zu schmunzeln. Diese Existenzangst kannte ich zu gut. Wie oft hatte ich mich hungernd und ohne Geld unter der Brücke gesehen. Nicht, dass ich darauf vertraute, dass alles gut ging. Es war durchaus möglich, dass meine Ängste sich bewahrheiten würden. Doch was konnte ich anderes tun, als unsere Auszeit in der besten Weise vorzubereiten? Die Auszeit nicht zu nehmen, fühlte sich falsch an.

Der Beobachter beobachtete auch meinen Verstand und ich erkannte immer genauer, wie er arbeitet. Faszinierend. Auch die Verknüpfung von Gedanken- und Gefühlsfilmen. Zum Beispiel kaute mein Verstand Situationen, in denen ich nicht wusste, was richtig oder falsch war, immer wieder durch. Genauso machte er es mit Erlebnissen, die mich aufwühlten. Eine schier endlose

Schleife an Wiederholungen, mit inneren Dialogen und unterschiedlichen Filmvarianten. Filme in der zigsten Wiederholung. Das war schon immer so gewesen und hatte mich früher manchmal so gefangen, dass ich nicht fähig war, mich auf etwas anderes zu konzentrieren oder klar zu denken. Jetzt gelang es mir leichter, sie zur Seite zu schieben und sie im Hintergrund ablaufen zu lassen. Doch abends im Bett oder wenn ich mich nicht mit etwas anderem beschäftigte, drehte sich das Gedankenkarussell so laut, dass es mich völlig gefangen nahm. Ich ärgerte mich darüber, wie früher auch. Wie immer versuchte ich, es abzustellen. Es gelang nicht. Dann entdeckte ich etwas, was mir noch nie aufgefallen war: Dieses endlose Wiederholen war wie ein Verarbeiten. Waren am Anfang noch heftige Emotionen mit den Gedanken verbunden, wurden die Gefühle nach einer Weile erträglicher und ich erhielt mehr Abstand. Dann wurde das Karussell langsamer und emotionsloser. Irgendwann stoppte es und ich dachte nicht mehr an den Vorfall. Die emotionale Ladung war draußen, die Spannung abgebaut. Nach dieser Erkenntnis durfte das Gedankenkarussell sich drehen, ohne dass ich versuchte, es zu stoppen. Ich wusste nun, es dient meinem Wohlbefinden. Mit dieser Einstellung gelang es mir auch, den Gedankenfilm neutral zu beobachten, ohne neue Wertungen und Ängste beizumischen.

Auch meine Wahrnehmung veränderte sich. Die Farben der Natur leuchteten intensiver. Geräusche und Musik klangen intensiver. Manchmal erschien es mir, als sei mein Körper ein fremdes Wesen, das ich zum ersten Mal sah. Zuerst war alles wie immer. Dann gab es einen Sprung in der Wahrnehmung und ich beobachtete diesen Körper, wie er Fahrrad fuhr, sich zwischen den Waren im Supermarkt bewegte, arbeitete und

3 – VOM LEID ZUR GLÜCKSELIGKEIT

telefonierte. Ich beobachtete diesen Körper und gleichzeitig war ich dieser Körper. Allein das war schon befremdlich. Ich schrieb einen Brief und plötzlich betrachtete ich meine Hand, wie sie sich über das Blatt bewegte, als wäre es die Hand eines anderen Menschen und ich hätte noch nie jemanden schreiben sehen. Ich machte Gymnastik und plötzlich beobachtete ich, wie dieser Körper bizarre Bewegungen ausführte. Ich saß im Restaurant und plötzlich erschien es mir seltsam, dass die Menschen um mich herum Dinge in den Mund schoben, dann den geschlossenen Mund bewegten und schluckten. Dass mein Körper dies auch tat, befremdete mich ebenfalls. Während ich durch die Stadt ging, hatte ich das Gefühl, ich bewege mich in einem dreidimensionalen Film. Dass die anderen Menschen um mich herum sich hetzten oder miteinander sprachen oder mit flehendem Gesichtsausdruck und einem Hut in der Hand Worte brummten, erschien mir unwirklich. Ich besuchte meine Eltern und hatte das Gefühl, ich kenne sie nicht. Wer waren diese Menschen? Natürlich wusste ich, dass dies meine Eltern waren und ich spielte auch die Rolle, die ich immer gespielt hatte. Äußerlich war nichts anders als die vorherigen Male. Doch meine Eltern waren mir fremd, genauso wie mir meine Tochter-Rolle seltsam vorkam. Mit meinem Körper war ich gleichzeitig identifiziert, das war „ich" und ich war es nicht. Es passierte sogar, dass ich nicht mehr wusste, ob ich einen männlichen oder weiblichen Körper hatte. Dann musste ich erst an mir hinunterschauen. Diese Fremdheit dauerte mal länger, mal kürzer. Danach war alles wieder wie vorher.

So erlebte ich auch, wie es ist zu arbeiten, ohne zu werten, ohne zu denken und ohne das Gefühl „ich arbeite". Es fiel mir besonders auf, als unsere Spülmaschine nicht mehr funktionierte.

3 – VOM LEID ZUR GLÜCKSELIGKEIT

Ich musste nun das ganze Geschirr von Hand spülen. Ich hasse spülen und habe mich, wann immer es ging, davor gedrückt. Doch diesmal spülte ich, ohne einen einzigen Gedanken, ob das gut oder schlecht sei, ob es viel Geschirr war oder wenig, ob ich es gerne tat oder es hasste, und auch ohne zu schimpfen, warum das ausgerechnet passieren musste, wenn Gerhard unterwegs war und die ganze Arbeit mal wieder an mir hängen blieb. Ich tat, was zu tun war, und es war still in mir. Still hieß in dem Fall, es gab keine Gedanken zum Thema Spülen. Andere Gedanken konnten durchaus kommen und gehen. Mal hörte ich ihnen zu, mal nicht.

In dieser Zeit tauchten wie aus dem Nichts häufiger als sonst Erinnerungen aus der Vergangenheit auf. Ich erinnerte mich an Kindheitserlebnisse, angenehme und unangenehme, an die ich schon Jahrzehnte nicht mehr gedacht hatte. Sie tauchten einfach auf, ohne äußeren Anlass, ohne Zusammenhang. Wie ein Fotoalbum, in dem alles durcheinander geraten ist. Doch fühlten sich die Bilder nicht an wie *mein* Fotoalbum. Es war so, als ob das Fotoalbum jemand anders gehörte. Zwar wusste ich genau, dass es meine Erinnerungen waren, dass es mir passiert war. Doch es war wie eine Erinnerung an einen Film, den ich vor langer Zeit gesehen hatte.

Da ich aufs Erwachen ausgerichtet war, beunruhigten mich diese Phänomene nicht. Mein Verstand stellte einen Zusammenhang her und mit dieser Erklärung gab er sich zufrieden. Er fand es sogar interessant und unterhaltend. Von anderen, denen im Verlauf des Erwachens Ähnliches passierte, weiß ich allerdings, dass solche Phänomene sie erschreckten und sie an ihrem Verstand zweifelten.

Neben der Stille und diesen seltsamen Phänomenen gab es allerdings auch heftige Gefühlsabstürze. Insbesondere nach energetischer Arbeit und nach Veranstaltungen und Seminaren, in denen ich längere Zeit in höherer Schwingung war, stürzte ich in Traurigkeit, innere Spannung, Unruhe, Zerrissenheit und bleierne Müdigkeit. Aber auch ohne Grund, aus heiterem Himmel, verwandelte sich mein innerer Frieden plötzlich in Angst und Unruhe. Manchmal wurden auch durch äußere Ereignisse Gefühle hochgeholt, die ich schon lange nicht mehr gehabt hatte. Eifersucht und die Verzweiflung des Verlassenwerdens erschienen genauso wie die alte Angst, kein Geld mehr zu haben. Diese Gefühle steigerten sich bis zum Punkt „Wozu mache ich dies eigentlich alles? Welchen Sinn hat das? Ich will nicht mehr leben".

Ein normaler Mensch hätte mich für verrückt gehalten. Es ging mir so gut wie noch nie in meinem Leben. Nicht nur finanziell, sondern auch innerlich und in meiner Beziehung. Es gab nichts, was ich mir noch gewünscht hätte, ich war vollkommen zufrieden. Dennoch spürte ich solche Verzweiflung, dass ich nicht mehr leben wollte. Aber wie bei allen Gefühlen verschwand auch die Verzweiflung nach einiger Zeit und wurde durch ein anderes Gefühl ersetzt. Gefühle kommen und gehen wie Gedanken. Manche verschwinden schneller, andere sind hartnäckiger. Doch auch die hartnäckigsten verschwanden und es gelang mir sogar, darüber zu schmunzeln, wenn die Verzweiflung oder andere unangenehme Zustände wieder auftauchten. Es fühlte sich zwar immer noch schrecklich an, doch etwas in mir schmunzelte.

Dass ich den Schmerz festhielt, weil ich ihn liebte, hätte ich nicht geglaubt. Doch es war so. Das erkannte ich bei einem Besuch einer Freundin, die eine hervorragende energetische Arbeit machte. Bei ihr gönnte ich mir häufiger eine Sitzung. Diesmal erhielt ich das Bild, die geistigen Wesen würden den Schmerz in mir für immer auflösen, so dass ich frei davon wurde. Doch ich klammerte mich weinend an ihn und schrie verzweifelt: „Nicht auch noch ihn, ihr könnt mir nicht auch noch den Schmerz nehmen." Der Begriff „Süße des Schmerzes" tauchte auf und ich erinnerte mich an ein Bild aus meiner Babyzeit, das ich schon oft gesehen hatte: Ich lag alleine in meinem Bettchen in einem dunklen Zimmer und schrie. Niemand kam. Verzweifelt schrie ich immer lauter, bis ich schließlich im größten Schmerz erschöpft resignierte und still war. Genau dann erfüllte mich eine unbeschreibliche Liebe und geborgene Ruhe. Daher stammte wohl diese Verknüpfung von intensivem Schmerz und Wohlgefühl. Doch dass ich mich so stark an ihn klammerte, dass ich ihn nicht loslassen wollte, war mir bisher nicht klar gewesen. Jetzt wurde mir auch bewusst, dass ich früher bei einer anderen Freundin häufig Reinkarnationssitzungen genoss. Wie hatte ich es geliebt, wenn schmerzliche tränenreiche Dramen auftauchten, die sich dann in beglückendem Frieden auflösten. Doch nachdem einige heftige Themen gelöst waren, erlebte ich fast nur noch berührend schöne vergangene Leben. Oder Leben, in denen das Drama und die Gefühlsintensität nicht so heftig waren. Ich hatte immer seltener Lust zu einer Rückführung und hörte schließlich ganz auf. Nun kam mir der Verdacht, dass es vielleicht daran lag, weil es nicht mehr so intensiv dramatisch schmerzlich war.

Aus der geistigen Ebene bekam ich häufiger die Aufforderung, die aufsteigenden Gefühle, unangenehme und auch angenehme, einfach ziehen zu lassen. Der Keller des Unterbewussten würde geleert, so hieß es, und alles, was ich je aus dem Bewusstsein verdrängt hatte, müsse auch die Treppe des Bewusstseins wieder hinauf. Das geschähe zwar auch in Träumen, aber einige Gefühle oder Erinnerungen müssten im Wachbewusstsein erlebt werden. Ich solle ihnen aber keine Bedeutung beimessen, was ich dennoch manchmal tat. Es war dann so, als ob Müllmänner einen alten Schrank die Treppe hochschleppen, und sobald ich ihn sehe, klammere ich mich verzweifelt an diesen Schrank und klage „Nicht schon wieder dieser Schrank. Den habe ich doch schon so oft bearbeitet und er ist immer noch nicht weg. Warum kommt er nur immer wieder. Was mache ich falsch?", anstatt ihn einfach gehen zu lassen.

Woran erkennt man, dass man erleuchtet ist? Das fragte ich mich in diesem Sommer häufig. Die Stille in mir, der Frieden, der auch da war, wenn es Schwierigkeiten gab, die veränderte Wahrnehmung, waren das Zeichen der Erleuchtung? Ich besuchte mehrere Satsangs, erhielt aber keine Antwort. Ich traute mich jedoch auch nicht zu fragen. Die Antwort kam auf anderem Weg. Gerhard war zum Retreat eines Erleuchteten gefahren und hatte dort ein Erlebnis von Sein gehabt, das sich mit nichts bisherigem vergleichen ließ. Er war plötzlich eingetaucht in Glückseligkeit und dabei aus der üblichen Wahrnehmung herausgefallen. Es war, als sähe er seine Umgebung mit neuen Augen, und alles war vollkommen, so wie es war. Nichts war falsch. Zwar hielt dieser Zustand nur ein paar Tage an, doch ich wusste nun, dass es noch etwas anderes gab, etwas, das ich noch nicht hatte. Als ich in einem Satsang danach fragte, erhielt ich die Bestätigung. Der Frieden würde für manche Sucher zur Falle, meinte der Lehrer. „Sie glauben, sie seien angekommen und hören auf, nach der endgültigen Wahrheit zu suchen. Sie erleben Glückseligkeit, wissen aber nicht, wer sie wirklich sind." Hier hörte ich auch zum ersten Mal, dass es einen Unterschied zwischen Erwachen und

Erleuchtung gibt und dass Erwachen ein Geschenk ist, für das man nichts tun braucht, ja nicht einmal tun kann. Von diesem Erleuchteten erhielten wir die Technik der Selbsterforschung, die der indische Erleuchtete Ramana seinen Schülern gegeben hatte. Es war die Frage „Wer bin ich?" oder auch „Wer ist?". Diese Frage nahmen wir mit in die Auszeit.

Erwachen

Endlich hatten wir es geschafft. Am 27. November 2002 stiegen wir ins Flugzeug, das uns zu unserer Insel brachte, an den fast menschenleeren Strand, zu dem geliebten Meer mit seinen Fischen und Korallen. Die letzten Wochen waren turbulent gewesen. Unvorhergesehene Schwierigkeiten und Reaktionen der Mitarbeiter ließen uns zweifeln, ob wir die Arbeit vorher schaffen konnten. Doch nichts konnte uns dazu bewegen, unser Vorhaben abzubrechen.

Im Flugzeug wurde mir plötzlich bewusst, dass zwischen unserem Abflugtag und der Auslieferung der ersten LichtWesen Essenzen auf den Tag genau sieben Jahre lagen. Jetzt würde sich wieder ein neuer Lebensabschnitt auftun. Das sagte mein Gefühl.

Wir wollten erwachen. Osho hatte gesagt: „Wenn du erwachen willst, dann musst du es so ausschließlich wollen wie ein Ertrinkender atmen will." In den vorherigen Jahren war das nie der Fall gewesen. Es rückte zwar immer mal wieder in den Mittelpunkt der Wünsche, verschwand dann aber genauso. Doch in den letzten Monaten war der Wunsch immer drängender geworden. Es gab auch keinen Grund mehr. Ich wollte nicht deshalb erwachen, weil ich nicht mehr wiedergeboren werden wollte, weil ich dann ewige Glückseligkeit erlangen würde oder weil dann das Leid für immer aufhörte. Ich wusste nicht, weshalb ich erwachen wollte. Aber der Wunsch war so stark, wie nie ein Wunsch zuvor. Ich war bereit, jeden Preis zu zahlen.

Schon vor dem Abflug hatte mich die Frage beschäftigt, ob ich einen Meister bräuchte. In Satsangs hatte ich gehört, dass Erwachen ohne Meister nicht möglich sei. Doch Osho war ohne Meister erwacht, ebenso Ramana. Mein Verstand setzte dem entgegen, ich sei schließlich weder Osho noch Ramana.

Eigentlich war ich nicht ohne Hilfe, die geistigen Wesen begleiteten mich schon lange. Auch Osho, der eine Weile mein Lehrer gewesen war, kannte ich nur in nicht-körperlicher Form, denn ich hatte erst von ihm gehört, als er nicht mehr lebte. Doch der Verstand hakte hier immer wieder ein. Zweifel nagten an mir und beherrschten mich manchmal so stark, dass für nichts anderes mehr Platz war. Schließlich stellte ich die Frage in einer Touch of Oneness-Behandlung: „Wähle das Meer, das du so liebst. Es wird dich lehren. Du brauchst keinen physischen Meister. Alles ist in Ordnung", erhielt ich zur Antwort. So wurde das Meer mein Meister. Von ihm erhielt ich zahlreiche Erkenntnisse und Einsichten, während ich schwamm, schnorchelte oder einfach nur am Strand saß und aufs Wasser schaute. Doch man braucht nicht zu glauben, dass sich mein Verstand damit zufrieden gab. Immer wieder zitierte er diejenigen, die gesagt hatten, dass man es ohne Meister nicht schafft. Außerdem sei das Meer kein richtiger Meister, meinte er. Und es wäre möglich, dass ich die innere Stimme nicht richtig wahrnehmen oder mir die Antworten nur einbilden würde. „Bis jetzt ist noch nichts passiert, es funktioniert also nicht", trumpfte er auf. Die Angst, etwas falsch zu machen und es dadurch zu verpassen, verstärkten meine

3 – VOM LEID ZUR GLÜCKSELIGKEIT

Zweifel. Obwohl ich immer wieder gehört hatte, dass Erwachen ein Geschenk sei, dass man nichts dafür tun müsse, außer es zu wollen, fürchtete ich, meine Zweifel, mein Misstrauen, mein Ego könnten es verhindern. Diese Angst ergriff mich immer wieder. Bis die Erkenntnis kam: „Ich vertraue nicht wirklich. Ja und? Dann ist auch das eben so. Ich vertraue nicht. Punkt. Als wenn das irgendeinen Einfluss hätte." Welch eine Befreiung! Ich akzeptierte meine Zweifel, ließ sie einfach da sein. Was konnte ich schon dagegen tun. Und wozu auch. Wenn sie da waren, waren sie da. Nichts war falsch daran. Genauso wenig wie an der Freude und dem Frieden. Diese Gefühle kamen und gingen, genauso wie die Gedanken. Nun konnte ich über die Zweifel und die Ungeduld des Verstandes lachen. Und mit dem Lachen kamen Freude, Weite und Liebe.

In den ersten drei Wochen auf unserer Insel drehte sich das Gedanken- und Gefühlskarussell so stark wie schon lange nicht mehr. Die Firma beschäftigte mich ständig, die Situation mit den Mitarbeitern und ob alles gut gehen würde. Wir hatten unsere PCs mitgenommen und in unserer kleinen Hütte einen Internetanschluss. So konnten wir in Kontakt bleiben. Der Internet-PC brach nach 19 Tagen zusammen und ließ sich auch nicht mehr reparieren. Erst im Januar fanden wir ein Internet-Cafe. Aber die Busfahrt dorthin dauerte 40 Minuten und manchmal war das Cafe geschlossen, ohne Begründung, ohne Aushang, ob und wann es wieder öffnen würde. Uns war Firmenabstinenz verordnet.

Neben der Firma rotierten auch zahlreiche andere Themen. Uralte Verhaltensmuster, die ich schon lange beerdigt glaubte, hielten mich wieder im Griff. So das Muster, den Erwartungen anderer zu entsprechen. Der Vermieter unserer Hütte war ein netter alter Herr, der mit seiner Familie auf dem gleichen Grund-

3 – VOM LEID ZUR GLÜCKSELIGKEIT

stück wohnte. Er kam häufiger zu uns rüber und erzählte uns Geschichten aus seinem Leben und von der Insel. Obwohl mich seine negative Sichtweise abschreckte und ich lieber nur für mich gewesen wäre, hörte ich aufmerksam zu, fragte nach und lud ihn ein, wiederzukommen. Und ich spielte mit seinem Enkel, damit der alte Herr mich mochte. Damit die Putzfrau nicht dachte, ich wäre unordentlich, räumte ich auf und schrubbte den Herd. Ich hatte ein schlechtes Gewissen, wenn ich auf der Terrasse saß und nichts tat, während die Angestellten Wäsche aufhängten und putzten. Ständig fuhr ich meine Antennen aus, um zu spüren, wie es Gerhard ging und seine Stimmungen auszugleichen. Ich war fröhlich, um ihn aufzumuntern, oder zog mich zurück, wenn er genervt war, und suchte, was ich falsch gemacht hatte, wenn er schlechte Laune hatte. Meine trainierte Feinfühligkeit gestaltete sich mal wieder als Bumerang. Ich spürte genau, was andere von mir dachten und erwarteten. Zwar durchschaute ich, wie ich mich klein machte, mich unsicher und unwert fühlte, mich versteckte und eine Rolle spielte, doch tun konnte ich nichts. Es lief ab. Ich ärgerte mich über mich selbst. Nach Tagen fiel mir endlich wieder die „Keiner liebt mich"-Übung ein. Eine gute Gelegenheit, sie erneut anzuwenden. Auch diesmal war ich von der Wirkung verblüfft. Innerhalb kurzer Zeit gewann ich meine Freiheit zurück. Wenn mich keiner liebt, brauchte ich keine Erwartungen zu erfüllen. Wenn der Vermieter und die anderen Besucher mich nicht mehr mögen, würden sie mir aus dem Weg gehen und ich hätte endlich meine Ruhe. Dann könnte ich ohne Gewissensbisse auf der Terrasse sitzen und nur aufs Meer schauen. Dann würde ich meine Meditations-CDs auf der Terrasse hören statt im Innern der Hütte. Endlich konnte ich wieder ohne Schuldgefühle das tun, was ich wollte.

3 – VOM LEID ZUR GLÜCKSELIGKEIT

Der Verstand mit seinen Zweifeln und Kommentaren war eine der größten Herausforderungen für mich. Immer wieder fing er mich ein, besonders mit seiner „Was kann ich jetzt tun?"-Frage. Irgendwann erkannte ich, dass der Verstand immer das wollte, was ich gerade nicht tat. Oft saß ich am Strand und schaute aufs Meer, genoss die Wolken, das Lichtspiel, die Farben. „Sollte ich die Zeit nicht besser nutzen?", kam es dann plötzlich aus dem Verstand. „Ich könnte portugiesisch lernen, weiter am Roman schreiben, oder wenigstens eine Meditations-CD hören, um innere Blockaden zu lösen. Der Tag ist verschwendet, wenn ich nichts tue. Ich sollte etwas tun, und wenn es meditieren ist." Saß ich auf der Terrasse und schrieb, drängte er an den Strand, um nur aufs Meer zu schauen: „Ich verschwende wertvolle Zeit, schreiben kann ich auch zu Hause. Aber einfach nur am Meer sitzen, das Meer genießen, das kann ich zu Hause nicht. Jetzt am Meer sitzen und ins Nichts eintauchen, das ist viel sinnvoller." Wenn ich dann tatsächlich ans Meer ging, fiel ihm natürlich nach kurzer Zeit eine neue sinnvolle Beschäftigung ein.

Der Verstand gab immer seinen Kommentar. Auch in Momenten, wenn mich unendliche Liebe erfüllte. In solchen Momenten hatte ich oft das Gefühl, ich würde vor Liebe zerspringen. Es war manchmal so intensiv, dass es sich fast wie Schmerz anfühlte. „Das kann ich nicht mehr lange ertragen", war oft die Reaktion des Verstandes und schon verschwand die Intensität. Oder er fragte: „Ist dieses Gefühl überhaupt richtig? Dieses Gefühl von Liebe ist ja nur ein Phänomen, etwas, was kommt und geht. Und wenn es wieder geht, ist es nicht ewig, ist es nicht das, was ich suche. Die Wahrheit ist ewig. Was kommt und geht, ist nicht die Wahrheit. Dann blockiert mich dieses Gefühl von Liebe nur und bringt mich womöglich auf den falschen Weg. Stelle lieber die Frage ‚Wer ist?‘ und schaue, ob diese Liebe dann immer noch da ist." Bevor ich mir überhaupt bewusst wurde, dass der Verstand mich schon wieder eingefangen hatte, war das wunderbare Gefühl verschwunden. Ich konnte es auch nicht wieder zurückholen, obwohl ich mich anstrengte und es versuchte. Bis mir dann die nächste Falle, in die ich tappte, bewusst wurde: „Ich will es zurück haben." Die beste Technik des Ego-Ichs.

In den ersten drei Wochen auf der Insel wechselten die Gefühle manchmal innerhalb von wenigen Minuten. Pulsierende Freude löste unendliche Traurigkeit ab, dann wieder Weite und Stille. Angst folgte Ekstase. Anfangs suchte ich noch nach den Ursachen für unangenehme Gefühle und versuchte, zu erkennen und aufzulösen. Doch nach einer Weile sank ich einfach in die Touch of Oneness-Energie und überließ es ihr, die energetischen Blockaden zu lösen. Ich wollte gar nicht mehr wissen, was hinter der Angst und der Enge steckte. Wenn sie sich auflösten, sollte es mir doch gleichgültig sein, woher sie kamen. Wenn ich etwas erkennen sollte, würde es mir schon bewusst werden. Ansonsten sollte die feinstoffliche Putzkolonne reinigen, ohne mich zu belästigen. Da ich aufs Erwachen und den inneren Frieden sowieso keinen Einfluss hatte, wieso sollte ich mich verrückt machen?

Als dieser Satz auftauchte, erkannte ich: das ist Hingabe. Wie oft hatte ich mich gefragt, was Hingabe ist. Immer wenn ich dieses Wort las, hatte es mich berührt. Es war verbunden mit einem Gefühl von loslassen und versinken. Ich las, dass es für Westler nahezu unmöglich sei, sich hinzugeben. Wir seien zu kopflastig. Diese Sätze machten mich wütend. Irgendetwas stimmte daran nicht. Immer wenn ich *Hingabe* las, zog es mich magisch an. Nun wusste ich plötzlich, was es bedeutet. Was hatte ich mir mal wieder für gewaltige Vorstellungen gemacht:

3 – VOM LEID ZUR GLÜCKSELIGKEIT

Hingabe, alles loslassen, das Ego aufgeben, den eigenen Willen zur Seite stellen, völlig in Gott aufgehen, eins werden mit dem Sein, darin versinken ohne eigenen Willen. Das mochte vielleicht das Ergebnis sein. Doch Hingabe beschrieb einen Weg, und der Weg war genau das, was ich jetzt erlebte: Wenn ich sowieso keinen Einfluss auf das Erwachen habe, wenn es ein Geschenk ist, was kann ich dann anderes tun, als immer wieder Ja sagen, als mich immer wieder ausrichten. Und mich hingeben an das, was gerade ist. Und das war mal die ekstatische Freude, mal unendliche Liebe, mal Traurigkeit, mal Zweifel. Wenn in mir Unruhe war, war Unruhe da. Überfiel mich die Angst, dann hatte ich eben Angst. Und wenn ich mich darüber ärgerte, dass der Verstand immer noch nicht still war, dass ich immer noch in alten Verhaltensmustern hing, dann ärgerte ich mich eben. Und wenn ich mich darüber ärgerte, dass ich immer noch so unerleuchtet sei und mich ärgerte und wertete, dann ärgerte ich mich eben über den Ärger. So einfach war Hingabe.

Die Hingabe an ekstatische Freude fiel mir natürlich leichter. Mit Angst und Traurigkeit kämpften einige Teile in mir immer wieder. Diese Gefühle waren unangenehm, die wollte ich nicht. Und dann blitzte die nächste Erkenntnis auf: das Ego-Ich wollte sie nicht. Wollen und Ego-Ich waren verbunden. Und *wollen*, so hatte ich entdeckt, war eine effektive Hintertür des Ego-Ichs, sich wieder einzuschleichen.

Hingabe war auch ein Schlüssel gegen die „Was soll ich tun"-Unruhe. Wenn sie mich befiel, prüfte ich, ob es etwas zu tun gäbe – ich horchte in mich hinein oder fragte meine geistigen Begleiter. Wenn es nichts zu tun gab, ging ich schnorcheln. Sollte die Unruhe doch da sein, ich konnte in der Zwischenzeit etwas tun, was mir Spaß machte. Nach einiger Zeit gewann die

3 – VOM LEID ZUR GLÜCKSELIGKEIT

Einstellung „Wenn ich sowieso nichts tun kann, wieso tue ich dann überhaupt etwas?" immer mehr Raum.

Mit der Hingabe wuchs auch mein Vertrauen. Doch es war nicht mehr das Vertrauen „alles wird gut werden" oder „ich werde es schaffen", sondern „was immer geschieht, ist in Ordnung. Vielleicht ist es angenehm, vielleicht aber auch nicht. Vielleicht werde ich in Glückseligkeit sein, vielleicht aber auch Hunger und Leid erleben. Vielleicht wird Angst da sein. Das Leben pulsiert, es verändert sich, Gefühle und Erlebnisse kommen und gehen. Und ich gebe mich dem hin. Eigentlich kann ich mich dem noch nicht einmal hingeben. Selbst Hingabe passiert. Das Leben pulsiert in mir, durch mich. Das Einzige, was ich tun kann, ist nicht im Weg zu stehen."

Ein paar Tage später tauchte die Frage auf: „Wieso soll ich überhaupt etwas tun? Wenn Erwachen Gnade ist und nur Gnade zum Erwachen führt, kann ich dann überhaupt etwas tun oder beschleunigen? Ist es vielleicht nur eine Frage des Zeitpunktes? So wie Weihnachten? Weihnachten kommt am 24. Dezember, gleichgültig, ob ich etwas dafür oder dagegen tue. Das Einzige, was ich tun kann, ist die Zeit vorher gestalten. Ich kann mir Stress machen oder sie genießen. Ich kann Gäste einladen, im letzten Moment irgendwelche Geschenke jagen oder ganz für mich alleine bleiben. Ich kann sogar so tun, als würde Weihnachten ausfallen. Am 24. Dezember wird Weihnachten gefeiert, selbst wenn ich so tue, als sei es nicht so. Vielleicht ist es mit dem Erwachen ja genauso. Vielleicht passiert es zu einem bestimmten Zeitpunkt und ich kann nichts tun, um es zu beschleunigen."
In diesem Moment erkannte ich, dass Meditationen, Touch of Oneness-Behandlungen, die LichtWesen Essenzen, Satsangs, das alles, was man fürs Erwachen tut, auf die Form, den Körper,

das Leben wirkt. Die Techniken erleichtern, dass der Körper-Verstand die Tür öffnet, damit es geschehen kann. Sie helfen dem Körper, der Form, bereiten vor. Selbst wenn sie keinen Einfluss auf die Erleuchtung haben, sie machen das Leben angenehmer.

Gerhard und ich tauschten täglich eine oder mehrere Touch of Oneness-Behandlungen aus. Es war eine der kraftvollsten Hilfen. Gleichgültig was gerade hochkochte, die Behandlung brachte Klarheit. Manchmal lösten sich das Muster oder die unangenehmen Gefühle schon während der Behandlung auf, manchmal im Laufe des Tages. Natürlich kam dann das Nächste hoch, doch wir hatten den Eindruck, dass es ohne dieses energetische Werkzeug nicht so angenehm gewesen wäre, vielleicht auch nicht so schnell. In den Touch of Oneness-Behandlungen erhielten wir auch oft Hinweise von unseren geistigen Begleitern.

Die zweite kraftvolle Technik war Ramanas Selbstergründung mit der Frage „Wer bin ich?" oder „Wer ist?" Unzählige Male stellte ich sie, beim Spazieren, am Strand, beim Schnorcheln, beim Essen, während ich auf der Terrasse saß, vorm Einschlafen und beim Aufwachen. Anfangs antwortete der Verstand mit Vorstellungen aus der Vergangenheit, mit Bildern, die ich von mir hatte. Doch ich wusste, dass sich diese Antworten nur auf meinen Körper bezogen, nicht auf mein wahres Wesen. Meistens beachtete ich die Verstandesantworten nicht. Nach einer Weile antwortete der Verstand nicht mehr auf die Frage, er hatte aufgegeben. Ich wiederholte die Frage immer wieder und ließ sie in mich hineinsinken. Es war, als würde sie immer tiefer sinken, sich immer mehr einem Zentrum nähern. Bis sie von einem Widerstand, einer Mauer aufgehalten wurde. Von der anderen Seite der Mauer drang Glückseligkeit und Wärme. Doch lange

Zeit kam ich nicht durch diese Mauer hindurch, gleichgültig wie oft ich die Frage wiederholte.

Mit dem Heranrücken des Jahreswechsels schien auch etwas anderes heranzurücken. Nicht nur das Meer war seit Tagen tafelglatt und still, auch ich war in grenzenloser Stille. Der Himmel verschmolz in türkisdunklem Licht mit dem Meer und ich fühlte mich eins mit der Ewigkeit. Diese Stille wurde nur unterbrochen von den Vorschlägen des Verstandes, einen Jahresrückblick, eine Vorschau oder eine Planung für die Rückkehr zu machen.

Mit dem Jahreswechsel tauchte auch wieder die Frage nach einem Meister auf. Doch diesmal waren es nicht die Zweifel, die sie hochholte. Diesmal war es ein Gefühl, dass ein weiterer Schritt anstand. Daher stellte ich die Frage in einer Touch of Oneness-Behandlung. Augenblicklich erschienen vier Wesenheiten, die mich nun begleiten würden. Ich erkannte sie als die Meister, nach denen ich gesucht hatte. Eines der Wesen war Metatron, der Hüter der Schwelle zwischen den Formen und Nichtformen. Er war mir schon immer besonders vertraut gewesen. Ebenso erschienen Christus und Maria. Sie begleiteten mich schon lange und zu ihnen hatte ich eine tiefe Verbindung. Diese drei Wesenheiten waren auch die Wesen, die in der Touch of Oneness-Energie wirkten. Was mich überraschte, war, dass auch Ramana erschien. Ich hatte das Gefühl, seine klaren dunklen Augen direkt vor mir zu sehen. Etwas in mir entspannte. Ich vertraute diesen Wesenheiten und wusste, auch wenn mein Verstand weiterhin zweifeln würde, sie würden mich begleiten. Mehr brauchte ich nicht.

Mit dem Jahreswechsel veränderte sich auch meine Wahrnehmung. Zwar fühlte ich mich wie jedes Jahr um Neujahr verkatert, obwohl ich nichts getrunken hatte – ich hing mal wieder im Schwingungsfeld meiner Umgebung –, doch gleichzeitig

3 – VOM LEID ZUR GLÜCKSELIGKEIT

perlten Ekstasebläschen im Körper. Früher hätte ich diese Kombination als unangenehm bewertet, nun fand ich sie interessant und genoss. Als mein Blick zum Meer wanderte, hatte ich das Gefühl, nicht ich schaue das Meer an, sondern das Meer schaut mich an. Natürlich mischte sich wie immer mein Verstand ein. Diesmal mit der Frage: „Was kann ich tun, um diesen Zustand festzuhalten? Wie kann ich ihn vertiefen?" Doch mittlerweile waren mir diese Kommentare so vertraut, dass ich schmunzelte und weiterhin die Ekstasebläschen genoss.

In den nächsten Tagen nahm die Ekstase zu. Mein Körper reagierte mit Unruhe: Das ist zu viel, das kann ich nicht aushalten, was kann ich jetzt tun? Trotz dieses Widerstandes pulsierte die Ekstase weiter. Bis das Zusammenziehen kam. Ich reagierte gereizt und launisch, fühlte mich extrem unruhig, angespannt und hatte Kreislaufprobleme. Mir wurde bewusst, dass die Ekstase mit einem höheren Energieniveau verbunden war und der Körper nun Mühe hatte, sein Schwingungsniveau anzupassen. Diese Reaktion kannte ich. Jedes Mal nach einem Seminar, einem Vortrag oder nach Energiearbeit trat sie auf. Der Körper musste die hohen Schwingungen integrieren und einen neuen stabilen Zustand finden.

Neben der Unruhe machte sich noch ein anderes Gefühl breit: „Ich habe es satt, auf die Erleuchtung zu warten. Ich will tanzen gehen, Leute treffen und reden. Ich will etwas unternehmen und Spaß haben. Ich will ganz normal sein." In diesem Gefühlsdurcheinander entschied ich, schnorcheln zu gehen. Sollten die Gefühle doch toben, ich konzentrierte mich auf etwas Schönes.

Einen Tag nach dem „Ganz-normal-sein-Wollen" erlebte ich das intensivste Im-Jetzt-Sein. Ich saß auf der Terrasse und schaute aufs Meer. Plötzlich stieg in mir ein Gefühl auf, als wäre

3 – VOM LEID ZUR GLÜCKSELIGKEIT

„ich" größer als mein Körper. Als gäbe es keinen festen Körper mehr. Als hätte sich mein Körper aufgelöst und sei nicht mehr da. Freude, Glückseligkeit und Lachen erfüllten mich. Meine Umgebung erschien mir zeitlos. Der Wind schlug die Terrassentür zu und mein Verstand fragte, ob ich nicht aufstehen und sie schließen wolle, damit sie nicht ständig klapperte. Ich rührte mich nicht. Nichts störte mich. „Das ist es, das muss es jetzt sein", kommentierte mein Verstand und stellte die Frage „Wer ist?" um zu prüfen, was geschah. Es war, als würde ich mit einem kleinen Löffel in einer sprudelnden Quelle rühren. Die Frage bewirkte nichts. Sie hatte keinen Einfluss, nichts veränderte sich an meinem Zustand. Als Nächstes berechnete der Verstand die Quersumme des Datums und zog numerologische Schlussfolgerungen. Doch auch dies fand statt, ohne mich zu tangieren. Als Gerhard auf die Terrasse kam und mir die Hand auf die Schulter legte, war es so, als würde ich seine Berührung zum ersten Mal spüren. Gerhard fragte, ob ich unser Schnorchelzeug schon ausgewaschen hätte. Ich konnte keine Antwort geben. Es existierte nur das JETZT. Dieses JETZT hätte ich verlassen müssen, hätte in ein anderes „System", in das System von Vergangenheit und Zukunft gemusst, um eine Antwort zu finden. Doch das geschah nicht. Es gab nur das ewige Jetzt.

Irgendwann in diesem Jetzt bekam der Körper Hunger. Ich beschloss aufzustehen, um Reis zu kochen. Doch jeden Schritt musste ich bewusst tun, musste dem Körper sagen, was jetzt zu tun sei, so als hätte ich es noch nie getan. Nichts lief automatisch ab. Doch es war ohne Anstrengung, ein ruhiger Fluss. „Stehe vom Stuhl auf und gehe in die Küche, nimm einen Topf und fülle Wasser hinein. Stelle den Topf auf die Herdplatte und nimm den Reis aus dem Schrank. Was kommt noch in den Reis? Salz.

3 – VOM LEID ZUR GLÜCKSELIGKEIT

Nimm Salz und gebe es in den Topf." Der Körper führte die Handlungen aus, ich war immer noch mehr als dieser Körper. Staunend schmeckte ich den Geschmack von Reis, von Tee, von Wasser. Als hätte ich es noch nie vorher erlebt.

Immer wieder stellte der Verstand die Frage „Was ist, wenn du wieder rausfällst?" Die Antwort war ein lachendes: „Dann bin ich wieder rausgefallen, dann ist das eben so." Keine Angst, kein Festhaltenwollen, ein vollkommenes Akzeptieren von dem, was ist und was sein würde.

Als wir nach dem Essen am Strand spazierten, musste ich meine Aufmerksamkeit auf jeden Schritt lenken. Auch das Sprechen war anstrengend. Jedes Wort erforderte eine Konzentration auf den Verstand. Ich musste überlegen und meine Aufmerksamkeit wurde in einen anderen Bereich gezogen, in Vergangenheit und Zukunft, in Konzepte, weg vom Jetzt. Die Aufmerksamkeit verlagerte sich vom Jetzt auf den Verstand. Wenn die Frage beantwortet war, kehrte die Aufmerksamkeit zurück ins zeitlose Sein. Es war faszinierend. Und dann verschwand dieser Zustand wieder. Durch die Aktivität und dadurch, dass ich mich immer wieder auf den Verstand konzentrierte, war ich rausgefallen. Vielleicht wäre es auch ohne Aktivität passiert. Ich war traurig. Dieser Zustand war so erfüllend gewesen. Ich erinnerte mich, dass Ramana Wochen, Monate, Jahre einfach nur still gesessen hatte, sich nicht bewegte, nicht aß, nicht redete. Er hatte noch nicht einmal das Ungeziefer verscheucht, das an ihm fraß. Vermutlich war es ihm einfach gleichgültig gewesen, was mit diesem Körper passierte. Er war vollkommen im Sein, in diesem Moment und alles war in Ordnung, so wie es war.

Als die Normalität wieder zurückgekehrt war, versuchte der Verstand wieder einzutauchen, indem er das Bild von der Quelle erzeugte und den Zustand nacherlebte. Doch es war Erinnerung, Vergangenheit. Darüber konnte ich nicht ins Jetzt gelangen. Es kam der Hinweis, nicht an den Bildern und an diesem Erlebnis festzuhalten. Beim nächsten Mal könnte etwas ganz anderes passieren, und wenn ich in Bildern und Vorstellungen festhinge, wenn ich dieses Erlebnis wiederholen wollte, blockierte ich den Fluss des Lebens. Auch die eigenen Erlebnisse können zu Vorstellungen werden, die sich vor die Wahrheit stellen.

Durch dieses intensive Eintauchen ins Jetzt wurde mir bewusst, dass das Jetzt, dass dieser Moment, von dem die Erwachten immer sprachen, dass dies nicht der Bruchteil einer Sekunde zwischen Vergangenheit und Zukunft war. Das hatte ich bisher geglaubt. Jetzt erkannte ich, dass das Jetzt eine andere Dimension ist, zeitlos, eine andere Ebene. Vergangenheit und Zukunft existieren im Verstand. Das Jetzt ist außerhalb. Ganz klar sah ich das Bild vor mir, dass der Verstand wie ein Kino ist, in dem ständig Filme laufen. Filme aus der Vergangenheit, Vorstellungen der Zukunft. Das Verstandeskino lief in meinem Kopf. Vom Verstandeskino führte eine Treppe hinunter ins Jetzt, so war mein Bild. Immer wenn das Verstandeskino mich einfing, konnte ich nun über die Treppe hinunter ins Jetzt gelangen. Ich hatte die freie Wahl, konnte Kino schauen oder im Jetzt sein. Der Verstand konnte mich nicht mehr gefangen halten. Ich nutzte dieses Bild oft, um wieder in die zeitlose Dimension des Jetzt zu gelangen, denn immer wieder saß ich im Verstandeskino, ohne dass ich hätte sagen können, wie ich dahin gekommen war.

Am folgenden Tag überschlugen sich die Gedanken in meinem Verstand. In einer ungewöhnlichen Intensität und Besorgtheit tauchten Fragen auf: „Warum will ich Erleuchtung überhaupt? Ich weiß gar nicht, ob das für mich gut ist. Was passiert denn

dann? Vielleicht ist Erleuchtung ja auch gar nicht für mich vor-
gesehen und ich erzwinge hier etwas, was nicht gut für mich ist.
Vielleicht drehe ich durch und werde verrückt?"

Das hatte Kraft, die Angst vor dem Verrücktwerden. Nicht
mehr fähig sein zu arbeiten und für mich zu sorgen. Da fand
dann auch die alte Existenzangst wieder eine offene Tür: „Wenn
ich nun alles verliere? Wenn ich kein Geld mehr habe? Wenn
ich ganz allein bin? Verhungere. Es geht mir doch wunderbar.
So gut wie das letzte Jahr ist es mir noch nie ergangen. Ich bin
wunschlos, habe alles erreicht, was ich wollte. Die Firma läuft,
das Leben macht Spaß, die Beziehung mit Gerhard ist so, wie ich
sie mir erträumt habe. Bewusst und erfüllt leben, das wollte ich
und das habe ich. Wieso es jetzt aufs Spiel setzen?" Obwohl es
mir gelang, die Ängste des Verstandes zu beobachten, erzeugten
sie Zweifel und Besorgnis. Ich ging spazieren, ließ die Gedanken
fließen, beobachtete sie und ihre Wirkung auf meine Gefühle.
Im Wasser vergnügten sich Urlauber mit Wasserski. Mit einer
ungewöhnlichen Sehnsucht erfüllte mich der Wunsch: „So will
ich auch leben. Das Leben und Luxus genießen, jeden Moment
nur sein und nicht arbeiten müssen. Immer glücklich, gleichgültig, was das Leben bringt. Und reich sein." Plötzlich waren da
Tatendrang, Lebenslust und die Frage: „Was soll das Erwachen
eigentlich bringen? Was nutzt mir das? Ich weiß ja überhaupt
nicht, ob ich es erreichen kann, ob es angenehm für mich ist.
Was, wenn ich nach dem Erwachen nur von Angst erfüllt bin?
Wenn ich keinen klaren Gedanken mehr fassen kann vor Angst.
Dann habe ich hier all die Zeit verschwendet und die Firma
riskiert. Ich sollte genießen, was ich habe, zurückfahren, die
Firma weiterführen, mich des Lebens erfreuen. Wieso will ich
mich ins Unbekannte, ins Ungewisse stürzen?" Während diese

Fragen kreisten, stieg wie ein klares Licht im Nebel die Gewissheit auf: „Ich will erwachen, koste es, was es wolle. Ich will es. Es gibt keinen Grund dafür. Ich will nicht mehr zurück. Es ist das Einzige, was ich will, auch wenn es mich das Leben kostet, ich verrückt werde, arbeitsunfähig, verhungere. Was immer passieren wird, wird sein. Was immer das Sein mit diesem Körper vorhat, ich bin bereit, es zu akzeptieren. Erwachen ist mein einziger Wunsch, koste es, was es wolle." Wie aus einer Quelle sprudelte eine Kraft, die nicht mehr zu stoppen war. „Das Loch für den Brunnen ist gebohrt, die Quelle ist angestochen und das Wasser drängt nach außen. Ich will es nicht mehr stoppen. Ich bin bereit, die Konsequenzen zu tragen."

Der Verstand schwieg. Bis zum Abend. Als ich in dem Buch eines Erwachten las „Wenn man sich hingibt, ist man augenblicklich erwacht. Der einzige Weg ist die Selbsterforschung, alles andere führt vorbei" kreierte mein Verstand sofort neue Zweifel: „Es reicht bestimmt nicht, nur geistige Meister zu haben. Ich gebe mich seit Wochen hin und bin noch nicht erwacht. Vielleicht bilde ich mir die Antworten nur ein. Vielleicht gehe ich völlig in die Irre mit dem, was ich tue. Vielleicht ist sich Ausrichten und sich immer wieder Hingeben ja doch nicht genug. Am besten, ich wähle einen physischen lebenden Meister und mache erst weiter, wenn ich bei ihm bin, bevor ich hier noch weiter in die Irre laufe und weit vom Ziel abkomme. Ein lebender Meister kennt sich aus. Er kann mich sicher führen." Das Gelesene hatte Angst erzeugt, die das Ego-Ich jetzt nutzte. Erst nach einer Weile wurde mir klar, dass diese Sätze nur die persönliche Meinung dieses Erwachten waren. Meinungen, die zu neuen Konzepten und Vorstellungen werden. Die Kraft der Mitte dehnte sich wieder aus: „Jetzt bin ich hier, ich kann nichts anders tun als mich hingeben. Es fühlt sich nicht richtig an, etwas anderes zu tun. Ich habe diesen Weg gewählt und ich gehe ihn weiter, was immer passiert. Es liegt sowieso nicht in meiner Hand, was geschieht. Ich kann nichts tun, ich will auch nichts anderes tun, als meiner Führung zu folgen. Es wird sich zeigen, was es bringt."

Der Disput zwischen der Stimme des Verstandes und der Mitte hielt vier Tage an, wurde aber immer schwächer. Dann war es wieder ruhig und weit. Bis zur Panikattacke beim Schnorcheln. Die Wasseroberfläche war wellig, aber es gab keine Strömung. Ein Gedanke machte sich breit: „Wenn die Strömung nun so stark wird, dass du nicht mehr ans Ufer kommst." Obwohl ich eindeutig sah, dass ich mit jedem Schwimmzug näher ans Ufer kam, das circa 200 Meter entfernt war, breitete sich die Panik vor dem Hinausgezogenwerden aufs offene Meer immer mehr aus. Ich hatte das Gefühl, dass meine Kräfte versagten, dass ich bald keine Luft mehr bekommen würde. Trotzdem schwamm ich ruhig weiter. Stück für Stück näherte ich mich dem Ufer. Die Panik tobte weiter. Ich sah mich mitten im Meer treiben, immer weiter weg vom Ufer. Doch auch der klare Blick blieb, die Kraft blieb. Ich erreichte das Ufer, ohne erschöpft zu sein, ohne dass die Panik mich gelähmt hätte. Es war faszinierend. Ich hatte Panik erlebt und sie gleichzeitig unberührt beobachtet.

Eine weitere Attacke fand am nächsten Morgen statt. Wir wollten mit einem Fischer aufs Meer zum Schnorcheln. Plötzlich hatte ich das Gefühl, etwas Furchtbares würde passieren. Bilder von Haiangriffen versetzten mich in Panik. Ich sah mich ertrinken, von der Strömung weggezogen. Der Körper zitterte vor Angst und erstarrte in Lähmung. Wieder beobachtete ich fasziniert die Kraft dieser Panik, die meinen Körper schüttelte.

3 – VOM LEID ZUR GLÜCKSELIGKEIT

Der Fischer kam zwei Stunden später als verabredet. In der Wartezeit hatte sich die Panik gelegt. Wir hatten eine schöne Fahrt.

Am nächsten Tag erlebte Gerhard eine Panikattacke. Ich war alleine schnorcheln und er hatte plötzlich das Bild, ich sei von einem Boot überfahren worden und liege nun tot am Meeresboden. Bei ihm war es eine andere Angst, die für das Panikgefühl genutzt wurde. Wahrscheinlich taucht genau die Angst auf, die die größte Kraft hat. Was bei mir Hinausgezogenwerden und Haiangriffe waren, war für ihn mein Tod. Bei anderen ist es die Angst zu sterben, die solche Panikattacken auslöst.

Nach diesen Panikübungen fiel es mir immer leichter, meine Aufmerksamkeit in die Weite und Stille zu richten und dort zu bleiben. Immer wenn ich jetzt die Frage „Wer bin ich?" stellte, führte sie mich durch die Mauer hindurch, die mich so lange gestoppt hatte. Sie führte ins Sein, in Weite, Frieden, Unendlichkeit. Oft durchströmten mich Wellen von Glückseligkeit. Dennoch fühlte sich dieses Sein ganz unspektakulär an, ganz normal. Ich hatte etwas anderes erwartet. Doch das Gefühl von Sein war ganz natürlich, vertraut. Und es wurde immer klarer, dass es nichts anderes gab als dieses Sein. Es ist das Absolute, ist Quelle, Wahrheit, Ursprung, das Unaussprechliche. Auch ich fand keine passendere Beschreibung.

Das Ego-Ich erschien mir immer absurder. Wie ein Konstrukt, eine Form im Sein, einer der Tropfen, die im Ozean enthalten sind, obwohl es in Wahrheit keine Tropfen gibt. Das Wasser im Ozean ist nicht in Tropfen getrennt, sondern alles ist ein Ozean. Doch ich fühlte mich immer noch als getrennter Tropfen. Nicht als Ozean. Es fehlte etwas. Das spürte ich. Die Identifizierung lag immer noch auf dem Körper. „Dieser Körper, das bin ich" war mein inneres Gefühl. In einer Touch of Oneness-Sitzung erhielt ich von meinen Meistern eine modifizierte „Wer ist?"- Frage: „Wer ist jetzt und immer?"

Trotz des immer tieferen Einsinkens ließ die Kraft des Verstandes nicht nach. Er plante die Rückkehr nach Deutschland, überlegte, was mich dort erwarten würde und wie ich mich nach meiner Rückkehr verhalten sollte. Oder er diskutierte mit sich selbst: „Vielleicht sollte ich mir die Zähne putzen, dann hätte ich einen frischeren Geschmack im Mund. Doch es könnte sein, dass es dann hier draußen nicht mehr so schön ist. Also vielleicht doch besser sitzen bleiben. Ich könnte auch an den oberen Strandabschnitt gehen, das hier kenne ich schon in- und auswendig. Andererseits sind die Wellen dort so unruhig und sie könnten mich aus der Stille holen, in der ich hier bin." Welche Stille? Wieder hatten mich die Gedanken eingefangen und ich saß im Kino des Verstandes. Also wieder die Treppe hinunter ins Jetzt. Ich schaute wieder aufs Meer und versank im Moment. „Dieses Erlebnis sollte ich aufschreiben, damit ich es nicht vergesse, wenn ich wieder draußen bin. Bei der Gelegenheit könnte ich mir dann auch einen Tee kochen oder etwas trinken." So ging es immer wieder. Bei manchen Fragen des Verstandes fiel es mir schwer zu erkennen, dass ich im Verstandeskino saß. So bei der Frage, „Wenn es kein Ich gibt, wer handelt dann? Und wenn es kein Ich gibt, wer kann dann erwachen? Wer ist dann frei? Wieso sollte man überhaupt meditieren oder Satsangs besuchen? Bricht das Sein nicht sowieso irgendwann durch, weil es die einzige Wahrheit ist?" Doch auch diese Gedanken, so vernünftig und interessant sie waren, fanden im Verstandeskino statt. Wenn ich im Sein war, gab es nur Stille. Es gab zwar Gedanken, doch die zogen wie Wolken vorbei, ohne dass sie mir bewusst wurden oder ohne dass sie mich einfingen. Wenn ich nach einer Antwort suchte, war ich längst wieder im Ego-Ich.

Als ich am 26. Januar die Augen aufschlug, füllte eine Frage meinen Kopf: „Wer sieht die Identifikation mit dem Körper?" Obwohl ich wusste, dass ich nicht dieser Körper bin, dass das Sein die einzige Wahrheit ist, war ich immer noch identifiziert mit diesem Körper. *Ich* fühlte mich als dieser Körper, nicht als das Sein. „Wer sieht das?" Das war die nächste Modifikation der Selbsterforschungsfrage. Jede Antwort, die ich geben konnte, war falsch. Das wusste ich. Wie schon vorher ließ ich die Frage sinken und sank mit ihr. Wie schon vorher prallte ich an einer Mauer ab. Immer wieder ließ ich mich sinken. Das kannte ich ja schon. Der Verstand mischte sich wieder ein: „Woher weiß ich, dass dies nicht alles ein Trip des Verstandes ist? Vielleicht ist die Weite, das Sein, das ich erlebe, überhaupt nicht das wahre Sein. Vielleicht erzeugt nur der Verstand diese Bilder und Gefühle und es ist nicht wahr. Die Stille ist ja auch nur ein Zustand, der kommt und geht. Und alles, was kommt und geht, ist nicht die Wahrheit, sagen die Erleuchteten." Wie liebte ich diesen Verstand. Es war genial, mit welchen Fragen er mich immer wieder einfing. Also ging ich erst mal frühstücken. Die Frage „Wer sieht die Identifikation?" begleitete mich.

Um 12 Uhr mittags saßen Gerhard und ich auf der Terrasse, sprachen über unsere Erkenntnisse und tauchten ein ins Sein. Das hatten wir die ganze Zeit immer wieder gemacht. Ein Bild stieg auf: Das „Ich" ist eine Insel, umgeben vom Wasser des Seins. Aber es gibt diese Insel nicht wirklich. Alles, was auf dieser Insel existiert, die Bäume, die Berge, die Tiere, alles ist Sein. Die Insel ist nicht einmal Teil des Seins, sie ist das Sein. Alles ist pulsierendes Sein. Dieser Körper ist das Sein. Er ist nicht Teil des Seins, sondern er *ist* Sein. Das war schon immer so und wird auch immer so sein. Ich tauche auch nicht ein ins Sein. Ich bin das Sein. Die Identifizierung mit dem Ego-Ich ist die Illusion. Nur konnte ich es nicht erkennen. Doch es nicht zu erkennen hat nichts daran geändert, dass es so ist und immer schon so war.

„Alles ist." Deutlich stieg diese Erkenntnis auf. „Und ich bin alles." Ein Gefühl von hineinsinken. Gerhard und ich schauten uns an. Es ist passiert. Bei beiden. Ich, wir wissen es. Erwachen ist passiert und es wird nicht mehr verschwinden. Auch das wusste ich. Es ist kein Zweifel da. Absolute Klarheit. Selbst wenn alle Meister die ich verehre, lebende und geistige, in diesem Moment gesagt hätten: „Nein, du hast es noch nicht. Du bist noch nicht erwacht, du bildest es dir nur ein", ich hätte nur gelacht. Ich wusste es, unumstößlich. Und das blieb. Ich kannte die Wahrheit. Petra ist eine Illusion. Es gibt keine Petra. Petra ist ein Ego-Konstrukt, mehr nicht. „Ich" bin ewiges Sein. Es gibt nichts anderes.

Als hätte man einen Stein ins Wasser geworfen, breiteten sich den ganzen Tag Erkenntnisse aus. Fragen, mit denen wir in den letzten Wochen immer wieder gerungen hatten, erhielten nun wie selbstverständlich eine Antwort. Es war so klar, so offensichtlich, so einfach. Wie hatte ich es nur übersehen können. Ich versuchte es in Worte zu fassen. Es waren die gleichen Worte, die ich schon zig Mal gelesen hatte, von anderen Erwachten. Ich hatte sie nicht verstanden. Was ich nun erkannte, hatten auch sie beschrieben. Ich konnte es nicht anders, nicht verständlicher ausdrücken. Ich begriff, warum das Sein auch „das Unaussprechliche, das Unerklärliche" genannt wird. Es liegt jenseits der Worte, jenseits des Verstandes. Niemand kann es erklären.

Niemand beschreiben. Man kann es nur erfahren. Es kann nur geschenkt werden, dann weiß man, unumstößlich.

Was mich, das Ego-Ich, irritierte, war, dass alles um mich herum blieb, wie es war. Ich hatte erwartet, dass sich die Welt, diese Illusion beim Erwachen mit einem großen Knall auflöst, dass das Ego-Ich mit dem Erwachen verschwindet. Sie taten es nicht. Die Welt war immer noch da, mein Ego-Ich war immer noch da, genauso wie vorher. Nur wusste ich jetzt, dass es eine Illusion war. Was erst mal nichts an meinem Empfinden änderte. Ich hatte die Illusion durchschaut, das Ego blieb. Ich fühlte mich im Körper noch genauso wie immer. Der Körper ging immer noch am Strand spazieren. Die anderen Menschen redeten mit mir wie vorher. Dieser Körper gab die gleichen Antworten. Es fühlt sich an wie immer. Die alten Vorstellungen und Gefühls-muster waren auch nicht verschwunden. Ich wollte immer noch nett sein. Ich sprach immer noch mit unserem Fischer, obwohl ich am liebsten geschwiegen hätte. Immer noch hörte ich unse-rem Vermieter zu. Das erstaunte mich. Der Film lief weiter, ich spielte weiter mit in diesem Film. Einziger Unterschied war, dass ich nun „wusste", dass es ein Film war, Illusion, nicht wirklich. Dennoch nahm ich es immer noch als Realität wahr, genauso wie vorher. „Ich bin" und „Ich bin nicht." Beides ist wahr. Mein Verstand konnte es nicht fassen. Für eine Weile war er still.

Die folgenden Tage waren erfüllt von absoluter Glückseligkeit. Ich schrieb nichts auf. Die Handlungen meines Körpers gescha-hen, ohne dass *ich* handelte. Das Sein blieb, gleichgültig was ich tat oder nicht tat, gleichgültig, was der Verstand sagte oder nicht sagte. Meistens bemerkte ich nicht einmal, ob es Gedanken gab. Nur selten gelang es dem Verstand, die Aufmerksamkeit auf sich zu ziehen: „Bin ich noch drin? Vielleicht sollte ich die Frage

3 – VOM LEID ZUR GLÜCKSELIGKEIT

„Wer ist?" wieder stellen und ausprobieren, was dann geschieht. Vielleicht habe ich es doch wieder verloren?" Das Ego-Ich würzte seine Ängste mit Zweifel. Oder meinte: „Diese Glückseligkeit ist ja langweilig. Bleibt das jetzt immer so? Das ist ja furchtbar." Doch auch wenn die Aufmerksamkeit sich auf den Verstand richtete und ich schmunzelnd seinen Kommentar wahrnahm, nichts konnte mich aus dem Sein wegziehen.

Das Erkennen dehnte sich in den folgenden Tagen weiter aus, so als würde ich einen neuen Raum entdecken. Ramana begleitete mich und gab mir die nächste Frage: „Wer weiß, dass die Ich-Identifizierung falsch ist?" Wieder ließ ich die Frage sinken. Wieder stand ich vor der Mauer. Bis eine weitere Ebene sich öffnete. „Ich bin", „Ich bin, der ich bin." Es waren nicht wirklich Worte, es war ein tieferes Verstehen des einen ungeteilten Seins. Es glühte auf wie ein Funke in der Dunkelheit. „Kann das denn sein? Da musst du erst mal jemand Kompetentes fragen, ob du dich nicht wieder in eine neue Illusion verstrickst", kommentierte der Verstand. Doch ich wusste: Ich bin, Sein, Ozean, alles. Dafür gibt es keine Worte. Es gibt die Form und es gibt sie nicht. Es gibt die Welt und es gibt sie nicht. Es gibt die Menschen und es gibt sie nicht. Der Verstand ist der Transformator, der die Welt als Form wahrnimmt. Doch es gibt in Wahrheit keine Form. Alles ist ewig und unveränderlich. Ohne Anfang und ohne Ende. Im grenzenlosen Sein gibt es kein Erkennen, keine Bewusstheit, es ist. Nun verstand ich auch den Begriff Advaita, Nicht-zwei. Es erscheint wie zwei unterschiedliche Dinge, doch es ist nicht unterschiedlich. Es ist auch nicht eins. Es ist.

An einem der folgenden Abende saß ich am Strand und genoss wieder diesen unbeschreiblichen Sternenhimmel. Jetzt war es so offensichtlich und klar, alles ist das eine Sein. Plötzlich brach

3 – VOM LEID ZUR GLÜCKSELIGKEIT

mit Gelächter eine Erkenntnis durch: Dieses eine Sein erschafft dieses riesige Universum, diese Galaxien, diese Sternensysteme, die Planeten, meine Form. Alles ist Ausdruck des einen Seins. Und „ich" habe geglaubt, das Sein könnte es nicht schaffen, dass ich erwache. Ich habe geglaubt, dass meine Zweifel, mein Ego oder meine mangelnde Anstrengung etwas verhindern könnten. Selbst wenn mein Ego-Ich sich gewehrt hätte, gesträubt hätte, immer wieder in alte Verhaltens- und Denkmuster zurückgezerrt hätte, was hätte es tun können gegen die Ausrichtung aufs Erwachen und die Macht des Seins? Welche Kraft hat mein Ego-Ich, verglichen mit dieser Kraft des einen Seins. Den ganzen Stress und die Anstrengung hätte ich mir sparen können. Die Ausrichtung allein, der Wunsch zu erwachen, er hätte gereicht.

Gleichzeitig erkannte ich, wie Meditation, mein jahrelanges Training der Bewusstwerdung, die LichtWesen Essenzen, die Touch of Oneness-Energie und die geistigen Wesen den Körper unterstützten. Sie haben den Körper vorbereitet, auf ein höheres Energieniveau gebracht, es vermutlich wesentlich erleichtert. Für diese Geschenke des Seins war ich zutiefst dankbar.

Als ich 14 Tage nach dem Erwachen morgens die Augen aufschlug, fühlte ich mich bleiern schwer, erfüllt von abgrundtiefer Traurigkeit, Müdigkeit und Unruhe. Ich hätte ununterbrochen heulen können. Diese Gefühle erfüllten meine ganze Wahrnehmung. Nichts mehr zu spüren von Glückseligkeit. Keine Stille, kein Frieden. Zwei Stunden fühlte ich mich wie gelähmt in diesem Gefühlssumpf. Dann erkannte ich ungläubig die Ursache: „Jetzt ist die Suche zu Ende. Jetzt gibt es nichts mehr zu erreichen. Und was ist passiert? Nichts Überwältigendes. Es ist nicht so bombastisch, wie ich es mir vorgestellt habe. Hat sich das gelohnt?", fragte mein Ego-Ich und nahm mit diesem Gedanken und dem damit verbundenen Gefühl von Enttäuschung meine ganze Wahrnehmung ein. Mir wurde auch bewusst, dass mein Ego zum Super-Ego erwachen wollte. Mein Ego-Ich wollte immer schon etwas Besonders sein und dieses Ego-Ich hatte geglaubt, mit dem Erwachen erst recht besonders zu werden. So wie ich die erwachten und erleuchteten Meister immer als etwas Besonderes, Besseres angesehen hatte. Doch man sah mir das Erwachen nicht an. Nichts an mir hatte sich verändert. Nichts Spektakuläres war passiert. Im Gegenteil, die Wahrheit war einfach und unspektakulär. Ganz selbstverständlich. Das Ego-Ich ist ein Konstrukt, das nicht existiert. Was sollte nun besonderes sein. Ich erkannte auch, dass mein Ego-Ich die beste Erleuchtete werden wollte. Doch es gab ja nur ein Bewusstsein, ein einziges Sein. Besser oder schlechter war bei einem Sein nicht möglich. Die Beste konnte nur das Ego-Ich werden, das ja nicht wirklich existierte.

Auch hatte das Ego-Ich erwartet, dass mit dem Erwachen eine besondere Erkenntnis und eine neue Aufgabe kommen würden. Es kam nichts. Es gab nur Stille und Frieden. Keine Aufgabe, kein Auftrag, nichts. Das erhoffte Auserwähltsein blieb aus, gab es nicht. Das Ego-Ich war enttäuscht: „Jetzt muss ich doch wieder in der Firma arbeiten, denn was zu erreichen war, habe ich erreicht. Es gibt keine neue Aufgabe. Was soll ich also anderes tun."

Noch eine weitere Einsicht war teil dieser bleiernen Traurigkeit: Wenn das Sein ewig und unveränderlich ist, dann war all mein Leiden, mein Einsatz, meine Opfer, meine Anstrengungen, mein den Körper Überstrapazieren für eine bessere Welt unnötig. Ich hätte auch vorher schon einfach nur glücklich leben können, ohne Leid und Anstrengung.

Mit dem Erkennen dieser Muster brach ich erneut in Lachen aus. Es war faszinierend. Dann wurde mir bewusst, dass ich jeden einzelnen Gedanken, jede Erkenntnis in der Stille wahrgenommen hatte. Früher waren die Gedanken von Momenten der Stille unterbrochen, nun wurde die Stille von Gedanken unterbrochen. Das war mir vorher nicht aufgefallen. Ich hatte mich schon an die Stille gewöhnt.

Die letzten Tage unserer Auszeit verliefen in Wellen zwischen Glückseligkeit und Ego-Ich-Sein. Mal war „ich" nur Sein, mal fühlte ich mich als dieser Körper. Doch alles war in Ordnung. Es gab nichts zu tun, zu ändern, zu verändern. Was passierte, passierte. Es war in Ordnung. Ich gab mich hin, ans Leben.

Erwacht in der normalen Welt

Das Erste, was wir bei unserer Rückkehr nach Deutschland erfuhren, war, dass wir all unsere Ersparnisse verloren hatten. Um Schulden aus dem Aufbau der Firma zu tilgen, hatten wir unser erarbeitetes Geld der letzten Jahre einem Freund gegeben, der mit Aktien für sich und andere gute Gewinne erwirtschaftete. Mein Gefühl warnte mich zwar, dass dies langfristig nicht sicher war und er sich verspekulieren würde, wenn er zu viele Kunden hätte. Doch hatte ich den Eindruck, das würde erst später geschehen. Nun saß er in Untersuchungshaft, weil nichts mehr da war. Unser Geld war unwiederbringlich weg.

Als wir das erfuhren, brachen wir beide in Gelächter aus. Das Spiel des Lebens. Uns erfüllte das Gefühl, dass alles, was wir je bräuchten, da sein würde. Wir fühlten uns vom Leben versorgt. Dieses Geld waren Zahlen auf dem Papier gewesen, wir hatten es nie in Händen gehalten, es nicht genutzt. Nun waren die Zahlen nicht mehr da. Im Jetzt war nichts anders als vorher auch.

Die Reaktion des Verstandes verblüffte mich. Er brachte zahlreiche Beispiele, wie wir das Geld auch verloren hätten. Wären wir dem Vorschlag unseres Steuerberaters gefolgt und hätten die Immobilie gekauft, die später unverkäuflich wurde, wäre es ebenfalls weg gewesen. Wenn wir einen teuren Luxusurlaub gemacht hätten oder uns ein teures Auto gekauft und es durch einen Unfall verloren hätten. Oder wenn wir es den Bekannten als Kredit für ihre Firma gegeben hätten, die später Konkurs machten. Früher hätte mein Verstand gejammert und den „Unter-der-Brücke-Verhungern"-Film abgespielt. Hatte er sich verändert?

Schon bald erfüllte der normale Alltag wieder unseren Tagesablauf. Vor dem Erwachen hatte ich mich oft gefragt, wie der Alltag eines Erleuchteten aussieht. Ich stellte mir vor, dass er die ganze Zeit in Meditation verbringt, nur Verzückung oder Ekstase fühlt und mit dieser Welt nichts mehr zu tun hat außer Satsangs zu geben. Ich dachte, die Schwierigkeiten des Lebens würden für ihn nicht mehr existieren und alle menschlichen Schwächen und Verhaltensweisen wären nicht mehr vorhanden. Zweifel an meiner Vorstellung waren gekommen, als ich mit einem Erleuchteten zusammen im Zug zu seinem Retreat fuhr. Entsetzt beobachtete ich, wie er mit seiner Freundin flirtete, Rotwein trank, Salamibrötchen aß und am Computer spielte. Im ersten Monat auf den Seychellen hatten wir eine Liste von Fragen erstellt, die das Erwachen und das Leben danach betrafen. Ist ein Erwachter die ganze Zeit im Jetzt? Träumt er nachts? Hat er Tagträume? Was ist mit seinen Erinnerungen, seinen Verhaltensmustern? Erlebt ein Erwachter Trauer, Angst, Sorgen oder gar Dramen? Rattert sein Verstand noch oder ist er jetzt permanent in Stille?

3 – VOM LEID ZUR GLÜCKSELIGKEIT

Die Antwort gab das Leben mir schnell. Was wir schon auf unserer Insel erlebt hatten, war jetzt noch viel deutlicher. Das irdische Leben war genauso wie vorher. Ich arbeitete wieder die Berge ab, die sich auf meinem Schreibtisch stapelten, bereitete Seminare und Messen vor, klärte Behördenfragen. Gleichzeitig war ich das eine Sein. Immer wenn ich meine Aufmerksamkeit auf das Eine richtete, war da Stille, Frieden, ein Bewusstsein. Was ich wahrnahm, war abhängig davon, worauf ich meine Aufmerksamkeit richtete. Es war genauso, wie wenn man in einem Computerspiel oder einen Fernsehfilm versinkt und nichts anderes mehr um sich herum wahrnimmt, und dann aus dem Fenster schaut und die Welt draußen sieht. Beide Ebenen existierten gleichzeitig. Und da die irdische Welt sich nicht aufgelöst hatte, da wir das LichtWesen Projekt weiterführen wollten, da wir weiter Miete zahlten und Essen einkauften, arbeitete ich wie vorher. Es war das Gleiche und es war dennoch anders. Eines der anschaulichsten Bilder für mich ist der Vergleich mit dem Traum, den man im Schlaf träumt. Diese Welt ist der Traum. Petra ist eine der Figuren im Traum, die mit den anderen Figuren zusammen diesen Traum gestaltet. Und genauso wie im nächtlichen Traum, in dem ich mitspiele, fühle und leide ich als Traumfigur namens Petra. Auch im Traum habe ich Angst, spüre Schmerz und Freude. Und genau wie im Traum weiß ich nicht, dass ich nur träume und dass die wirkliche Welt außerhalb des Traumes existiert. Wenn ich aufgewacht bin, erkenne ich, dass es nur ein Traum war und sehe die Wirklichkeit. Den Traum gibt es nicht wirklich. Er ist nur eine Phantasie in meinem Kopf, die während des Schlafes entsteht. Der Traum existiert nur im Träumenden und nur der Träumende ist wirklich. Und dieser Träumende ist das eine Sein, ist meine wahre Natur. Der Träumende ist mein wahres Ich.

Was mir gefiel, war, dass ich mich nicht mehr so schnell in die Verhaltensmuster verstrickte, die mich vorher belastet hatten. Viele waren verschwunden. Ich konnte nun klar sagen, was ich meinte, tun, was ich wirklich wollte, wusste schneller, welche Entscheidung für mich stimmte und oft war ich in schwierigen Situationen völlig gelassen und voller Vertrauen.

Durch unsere Abwesenheit hatte es zwischen den Mitarbeitern Auseinandersetzungen gegeben. Das gute Arbeitsklima von vorher war weg. Früher hätte es mich gestresst, in einer solchen Disharmonie zu arbeiten. Nun war ich ruhig und klar, konnte sehen, was ich zu tun hatte und was die anderen für sich oder untereinander klären mussten. Ich konnte die Spannung ertragen.

Es gab allerdings auch Verhaltensmuster, die liefen genauso ab wie vorher auch. Ich arbeitete über die Grenzen meines Körpers, jetzt sogar noch extremer. Vorher hatte mich meine Wut, dass ich immer so viel arbeiten muss, und der Kampf mit der Stimme, die sagte „Warum muss ich das immer machen, ich will nicht mehr" gebremst. Jetzt gab es das nicht mehr. Ich konnte arbeiten, bis mein Körper erschöpft zusammenbrach. Ich beobachtete, wie er nach 12 Stunden Arbeit ohne Pause und ohne Mahlzeit immer mehr abbaute. Mir war bewusst, dass ich die freie Wahl hatte und jederzeit aufhören konnte. Und ich konnte aufhören, wenn ich es beschloss, im Gegensatz zu früher, als ich mich gezwungen fühlte, weiterzumachen. Gleichzeitig gab es einen Teil in mir, der lächelnd zuschaute und manchmal sagte, „Mal sehen was passiert, wenn der Körper die Grenze der Erschöpfung überschreitet". Es war kein Drama mehr.

Auch Ängste tauchten noch auf. Als ich erfuhr, dass wir eine gerichtliche Auseinandersetzung mit einer ehemaligen Mitarbeiterin hatten, überfiel mich die alte Panik, verurteilt zu werden.

3 – VOM LEID ZUR GLÜCKSELIGKEIT

Doch sie hielt nur wenige Stunden an. Als der Termin stattfand, war ich ruhig und fand es interessant, denn ich war noch nie vor Gericht angeklagt gewesen. Alles ging gut.

Es gab auch immer noch den Teil, der nach äußerer Harmonie strebte und deshalb faule Kompromisse einging. Früher war das unbewusst, automatisch abgelaufen, früher hatte ich oft das Gefühl, ich kann nicht anders, ich bin gezwungen, das zu tun. Jetzt fiel es mir sofort auf und ich musste mich immer wieder bewusst entscheiden: Stimmt das jetzt für mich? Wenn nicht, fiel es mir dennoch oft schwer, es auszusprechen und Nein zu sagen. Doch ich war auch frei, mich für den faulen Kompromiss zu entscheiden oder den alten Verhaltensmustern zu folgen. Wo steht geschrieben, dass ich nur das tun soll, was für mich stimmt, was ich wirklich will? Da ich frei bin, kann ich auch tun, was ich eigentlich nicht mehr tun wollte. Es ist meine freie Wahl, wie ich mich entscheide. Wenn ich wähle, den Job in der Firma sofort aufzugeben, bin ich frei, das zu tun. Ich muss allerdings die Konsequenzen tragen. Wenn ich bleibe, trage ich auch die Konsequenzen, es sind nur andere. Wenn ich eine Arbeit annehme, die ich eigentlich nicht tun will, bin ich frei, sie zu tun oder einige Zeit später zu sagen: „Ich mache es doch nicht, obwohl ich zugesagt habe." In jedem Fall entstehen Konsequenzen, die ich tragen muss.

Welch ein Kontrast war das Leben in Deutschland zu den Monaten der Auszeit, zu der Stille und Glückseligkeit ohne Herausforderungen, Entscheidungen und weltliche Aufgaben. Das Leben in einem Ashram oder Kloster, außerhalb der Welt, macht es einem Erwachten sicherlich leichter. Da hat er nicht die Ablenkung der Welt. In der alltäglichen Welt wird das Ego-Ich ständig angesprochen: „Petra, kannst du bitte die Spedition anrufen", „Petra, was sollen wir mit dieser Fehllieferung machen?", „Petra, der Computer druckt diesen Brief nicht". Die Welt wird vom Verstand gemanagt, der dadurch wieder mehr Raum einnahm. Während des Arbeitstages erinnerte ich mich nur selten an das „Ich bin", an den Frieden des Seins. Durch die Tätigkeit in der Welt wurde mein Verstand wieder lauter, die Gedanken nahmen zu, auch wenn ich still zu Hause war. Doch mir war klar, dass ein Rückzug aus der Welt oder ein Ashram nicht mein Weg war. Für diesen Körper fühlte es sich richtig an, die Arbeit in der Firma zu tun und weiter in dieser Welt tätig zu sein.

Es gab jedoch auch Tätigkeiten, die ich jetzt nicht mehr machen konnte. Die Konzepte von Ursache-Wirkung, Karma, Schuld, an sich arbeiten müssen und Reinkarnation ergaben keinen Sinn mehr und etwas in mir sträubte sich, diese esoterischen Vorstellungen weiter zu lehren. Ich sah, dass sie wirken und für Menschen eine kraftvolle Unterstützung sein können. Das hatte ich ja an mir selbst auch erlebt. Doch ich wollte sie nicht mehr lehren. Erleichtert stellte ich fest, dass es nicht mehr meine Aufgabe war, denn es gab genug andere Lehrer und Trainer. So hörte ich auf, die herkömmlichen LichtWesen Seminare zu leiten. Auch bei Beratungen zu weltlichen Problemen oder Channelings, in denen ich vorher gut war, versagte ich jetzt. Etwas in mir sträubte sich, in die Zukunft und Vergangenheit zu schauen. Wichtig war mir, was JETZT ist.

Durch die Arbeit in der Firma wurde mir auch klar, dass nicht jeder Erwachte oder Erleuchtete zum Lehrer oder Meister berufen ist. So wie nicht jeder, der schreiben kann, das Talent zum Schriftsteller hat, hat nicht jeder Erwachte eine Lehrbegabung. Die Gaben und Fähigkeiten, die dieser Körper besitzt, sind auch

3 – VOM LEID ZUR GLÜCKSELIGKEIT

nach dem Erwachen noch vorhanden. Derjenige, der vorher heilende Fähigkeiten hat, hat sie auch nachher. Demjenigen, dem es vorher schwer fiel, logisch zu denken und sich zu organisieren, kann dies nach dem Erwachen auch nicht. Mittlerweile gibt es in meinem Bekanntenkreis einige Erwachte, die *ganz normal* leben und weiter in ihrem Job arbeiten. Keiner bemerkt, dass sie erwacht sind.

Auf den Seychellen hatten wir regelmäßig meditiert und uns täglich mit der Touch of Oneness-Energie behandelt. Jetzt nahm ich mir dafür keine Zeit mehr. Ich arbeitete viel und wenn ich frei hatte, las ich Bücher von anderen Erwachten und verglich ihre Erfahrungen und Aussagen mit meinen. Fasziniert erkannte ich, wie in den alten Schriften der Bhagavadgita, im Tao-teh-King und den Sutras die eine Wahrheit in unterschiedlichen Worten ausgedrückt ist. Jetzt verstand ich die Texte, jetzt waren sie glasklar. Die Aussagen waren so offensichtlich und die ergänzenden Kommentare der Nicht-Erwachten so falsch, dass ich schmunzeln musste. Mir wäre es vorher auch so gegangen. Erst wenn man erwacht ist, versteht man. Vorher versucht der Verstand zu verstehen, was nicht funktioniert. Man läuft Gefahr, sich Vorstellungen zu machen, die dann später im Weg stehen. Das konnte ich nun erkennen. Durch das Lesen vertiefte sich mein Verstehen. Insbesondere durch die Bücher von Ramana und Nisargadatta tauchte ich beim Lesen tiefer ein ins Sein.

Wenn ich genau hinschaute, bemerkte ich auch, dass ich mich trotz der Arbeit, trotz der vielen Gedanken um die Firma, trotz der seltenen Meditationen und Touch of Oneness-Behandlungen immer mehr im Sein ausdehnte. Es wurde immer selbstverständlicher. Der Verstand redete immer seltener. Innere Streitgespräche gab es nicht mehr. Meistens fühlte ich mich glücklich.

3 – VOM LEID ZUR GLÜCKSELIGKEIT

Glückseligkeit wurde zum Normalzustand. Ich gewöhnte mich daran. Nur selten kann ich noch nachvollziehen, wie es früher war. Es verblasst wie ein Film, den man im Kino gesehen hat. Das fiel mir aber erst auf, als mir andere berichteten, wie sie sich zum Beispiel mit der Frage quälten, ob sie umziehen sollten, wo sie hinziehen sollten, ob sie ein Haus kaufen sollten oder nicht. Oder ob sie die Stelle, die ihnen nicht mehr gefiel, kündigen sollten, obwohl noch nichts Neues in Sicht war. Ich bemerkte, dass es für mich immer selbstverständlicher wurde, im JETZT zu entscheiden. Meine Schreibtischarbeit in der Firma fühlte sich nicht mehr richtig an. Da es jedoch JETZT keinen Impuls gab, etwas zu ändern, blieb ich. Ich tat, was zu tun war. Am deutlichsten erlebte ich dies im Januar 2004, als meine Schwägerin die Leitung der Firma übernahm. Gerhard und ich konnten uns nun aufs Energetisieren der LichtWesen Produkte beschränken. Ich hatte geplant, mich ganz aufs Schreiben zu konzentrieren. Doch bevor ich auch nur ein Wort zu Papier gebracht hatte, verließ die neue Päckchenpackerin die Firma und ich übernahm diesen Job zwei Monate. Es fühlte sich stimmig an. Also tat ich es. Im Unterschied zu früher gab das Ego-Ich keinen Kommentar ab. Früher hätte es gejammert: „Warum schon wieder ich? Ich soll doch schreiben. Ich habe keine Lust auf diese Arbeit." Beim Päckchenpackjob war ich voller Freude und Stille. Kein Klagen, kein Hadern. Es machte mir Freude. Was zu tun war, wurde getan.

Bis heute erlebe ich ein ständiges Vertiefen der Stille, des Seins. Mein Ego-Ich scheint sich immer mehr aufzulösen, der Verstand ist meistens still. Es gibt diese Form namens Petra, die in dem einen Sein existiert. Doch Wahrheit ist nur das eine Sein, ewig und unveränderlich. Ich weiß nicht, was geschieht, wenn man viele Jahre erwacht ist. Doch ich erlebe, wie der Frieden in mir immer stärker wird, insbesondere nach den Touch of Oneness-Seminaren. Die Identifizierung mit diesem Körper wird schwächer. Manchmal weiß ich bei dem Namen „Petra" nicht mehr, wer das überhaupt ist. Immer häufiger habe ich Erleuchtungserlebnisse, die andauern, ein Zustand, in dem ich „das eine Sein" bin, mit dem Sein identifiziert bin und dieser Körper namens Petra handelt, ohne dass ich das Gefühl habe, ich tue es. Den Verstand erschreckt das manchmal, insbesondere, wenn ich in dem Moment eine Meditation oder Einweihung leite. Plötzlich ist dann nur noch Stille da, während der Körper weiter spricht und die richtigen Worte wählt. Wenn der Verstand das bemerkt, bekommt er Angst und befürchtet, dass ich so tief in die Stille eintauche, dass der Körper nichts mehr sagen kann. Und schon bin ich mit meiner Aufmerksamkeit wieder im Körper. Die weite Stille ist verschwunden.

Manchmal verschiebt sich auch die Wahrnehmung, und ich sehe das eine Sein überall, sehe, wie jeder Baum, jeder Grashalm, jedes Auto nur Sein ist. Jeder Mensch ist dieses eine Bewusstsein, das sich in unterschiedlichsten Rollen ausdrückt, als Macho, als Schüchterner, als Chef, als attraktive Frau oder als Bettler. Und dann kehrt die normale Wahrnehmung zurück und ich sehe die Welt genauso, wie ich sie vor dem Erwachen wahrgenommen habe. Es sind Phasen, Wellen. Mal bin ich mehr identifiziert mit dem Körper, mal mit dem Sein. Es gibt Tage, da ist Stille, Frieden, Sein und nichts stört. Dann gibt es wieder Phasen, in denen fühlt der Körper Unruhe, Angst, Beneblung, Unklarheit. Diese Gefühle schieben sich dann wie Wolken vor die Stille und es fällt mir schwer, den Frieden wahrzunehmen. Wenn ich mich auf den Frieden konzentriere, nehme ich ihn zwar deutlicher wahr, die Wolken lösen sich jedoch nicht auf.

In den letzten Wochen erlebe ich oft grundlose Freude. Plötzlich erfüllt sie mich, pulsiert. Oder unendliche Liebe durchströmt diesen Körper, stärker als ich es je zuvor gespürt habe. Manchmal ist die Unveränderlichkeit des Seins so deutlich, dass mein Verstand fragt, wieso ich hier überhaupt noch etwas tue, wieso ich arbeite oder herumreise, welchen Sinn das hat. Doch gleichzeitig erkenne ich, dass es der Verstand ist, der fragt, der eine sinnvolle Tätigkeit will, der etwas *Gutes* leisten will oder der wieder in ein Gefühlsdrama springt.

Viele Meister beschreiben, dass nach dem Erwachen oder nach der Erleuchtung das Ego und die Verhaltensmuster noch eine Weile weiter wirken. Sie benutzen das Bild eines Pfeiles, der, nachdem er abgeschossen ist, noch so lange fliegt, bis kein Schwung mehr vorhanden ist. Oder das Bild einer Spieluhr, die sich noch so lange dreht, bis die Feder ihre Spannung verloren hat. Vermutlich gehört dazu auch, dass sich der Verstand und damit das Ego-Ich immer wieder einschleicht und sich langsam breit macht. Manche Lehrer nennen das unbehandelte Ego-Samen. Plötzlich sitze ich dann mitten im Verstandeskino. Es ist für mich faszinierend, mit welchen sinnvollen Fragen ich mich immer wieder einfangen lasse: „Was willst du jetzt in die Welt bringen? Was ist deine Aufgabe? Wofür willst du jetzt eintreten? Du kannst doch nicht einfach nichts tun, dazu hast du viel zu viele Fähigkeiten mitbekommen." Doch zum Glück ist mein Beobachter so trainiert, dass er nach einer Weile bemerkt, dass ich nicht mehr im Jetzt bin. Und dann richte ich mich wieder aus, lasse alle Vorstellungen und Fragen los und tue, was *jetzt* zu tun ist. Handle aus dem Impuls der Gegenwart. Das Weitere wird sich ergeben.

Manchmal habe ich das Gefühl, dass ich mit dem Erwachen einen neuen Raum betreten habe und jetzt immer tiefer in diesen

Raum hineingezogen werde. Ich habe keine Ahnung, was sich auftut. Und es interessiert mich auch nicht. Ich genieße das, was jetzt ist. Den Körper unterstütze ich weiterhin mit Techniken und Hilfsmitteln wie das Abgeben an einen Engel, die Licht-Wesen Essenzen, das Touch of Oneness, und ich bin dankbar, wie kraftvoll sie wirken. Und ich bin weiterhin ausgerichtet auf das vollkommene Erwachen und neugierig, was dadurch geschieht und wie mein Leben weiter verläuft. Eines weiß ich jetzt schon: ich habe noch nie so gerne gelebt und das Leben noch nie so geliebt.

4.
Was ist Glück?

Glück – alle Menschen wollen es, aber jeder versteht etwas anderes darunter, vom Lottogewinn über den Traumpartner bis zur Gesundheit. Beim genaueren Hinsehen erkennen wir, dass die Vorstellung vom Glück von den Lebensumständen abhängt: Für die fünfköpfige Familie in der Zwei-Zimmer-Wohnung ist Glück ein größeres Haus. Der ehrgeizige Angestellte ist glücklich, wenn er Abteilungsleiter wird, der Arbeitslose, wenn er irgendeine Stelle findet. Für die Schauspielerin ist Glück, wenn sie mit 50 immer noch faltenfrei ist. Für das Unfallopfer, dass es noch lebt, auch wenn der Körper mit zahlreichen Narben und Verletzungen übersät ist. Alle nutzen das gleiche Wort. Doch was ist das Gemeinsame?

Wenn wir von Glück sprechen, meinen wir eigentlich einen inneren Zustand, meinen *glücklich sein*. Dieser innere Zustand, dieses Hochgefühl, berauschend, erhebend und voller Zufriedenheit, das ist es, was auf den unterschiedlichsten Wegen gejagt wird. Manchmal sogar mit chemischen Substanzen. Leider hat diese Sorte Glück nur eine kurze Haltbarkeit. Wie lange haben wir uns nach dem Traumauto, dem Traumpartner, dem Traumhaus gesehnt! Dann ist es da und nach kurzer Zeit ist das Glücksgefühl verschwunden. Ein neues Objekt wird Ziel unserer Glückssucht. Wer diesen Kreislauf durchschaut, fragt sich, ob es ein andauerndes Glück überhaupt gibt.

In spirituellen und religiösen Kreisen wird gelehrt, dass äußeres Glück vergänglich ist. Hier sucht man das ewige Glück und erwartet es nach dem Tod oder nach der Erleuchtung. Doch abgesehen davon, dass man nicht sicher weiß, ob man nach diesem Ereignis wirklich glücklich ist, was ist mit dem Glück im Jetzt?

Neben dem *Ersehnte-Objekte*-Glück gibt es ein Glücksgefühl, das hervorgerufen wird durch unbedeutende Ereignisse: ein Kinderlachen, ein Sonnenuntergang, ein liebevoller Blick. Wir haben nichts dafür getan, nichts erwartet und plötzlich erfüllt es uns.

Und dann gibt es noch das Glücksgefühl aus dem Nichts. Zum Beispiel morgens, unmittelbar nach dem Aufwachen. Ein Wohlgefühl, still, weit, grundlos. Meist kurz, denn es verschwindet hinter dem ersten Gedanken. Diese Sorte Glück können wir überall erleben: in der U-Bahn, am Meer, bei einer Autofahrt. Wenn wir es erstaunt bemerken, fragt der Verstand „Warum bin ich jetzt glücklich?" und findet einen äußeren Grund: weil ich gut geschlafen habe, weil die Frau mir zugelächelt hat, weil ich Urlaub habe. Wir haben gelernt, dass Glücklichsein einen Grund hat. Es kommt nicht einfach aus dem Nichts, so sagte man uns.

Auch ich wollte dauerhaft glücklich sein. Eine Bekannte nannte es „die Sucht nach den angenehmen Gefühlen". Für mich hieß es „erfüllt leben". Auf meiner Suche nach diesem Zustand beobachtete ich, dass es zwei Sorten des Glücksgefühls gibt: das ekstatische Hochgefühl – meist gefolgt von einem Tief – und das stille Glück, für das manche die Begriffe Zufriedenheit, inneren Frieden oder Stille benutzen. Doch diese Begriffe sind bei einigen Menschen verbunden mit der Vorstellung von einem eintönigen, langweiligen Stillstand. Mein stilles Glück ist vergleichbar mit dem ekstatischen Gefühl, nur eben nicht bewegt. So wie Wein und Sekt, mit und ohne perlendes Prickeln. Daher benutze ich lieber den Begriff Glückseligkeit für das stille Glück.

Glückseligkeit ist ein immer vorhandenes Grundgefühl, das erlebe ich heute. Es ist in uns, wird jedoch leicht verdeckt von Gedanken und Gefühlen, die verhindern, dass wir es wahrnehmen. So wie der Himmel, der sich hinter Wolken befindet. Erst wenn die Wolken dünner werden, sehen wir ihn. Wenn die Gefühle und Gedanken stiller sind, erleben wir Glückseligkeit. Das ist ein Ziel von Meditation.

Heute nehme ich die Glückseligkeit auch wahr, wenn Gefühle oder Gedanken davorhängen. Mal stärker, mal schwächer spüre ich sie in dem Moment, in dem ich meine Aufmerksamkeit darauf richte. Ich spüre sie so, wie ich meine Hand auch erst spüre, wenn ich sie mir bewusst mache.

„Wie kommt man zu dieser Glückseligkeit?", werden Sie vielleicht fragen. Besser ist zu fragen, was verhindert, dass ich sie wahrnehme. Das ist der Schlüssel. Lernen, die Glückseligkeit wahrzunehmen, und dies immer wieder zu üben. Eine Technik zur Wahrnehmung ist das *Sich Beobachten* (siehe Seite 142). Ein anderes Tor zum Glück ist das Jetzt (siehe Seite 154).

Bevor sich hier ein Missverständnis einschleicht: ich habe nichts gegen das *Ersehnte-Objekte*-Glück, das Glücksgefühl, das kommt und geht. Im Gegenteil, ich genieße es heute mehr und bewusster als früher. Ein köstliches Essen lehne ich ja auch nicht ab, nur weil der Teller leer wird. Ein Problem bereitet das *Ersehnte-Objekte*-Glück nur, wenn man dieses vergängliche Glück dauernd erleben will und deshalb nach immer neuen Objekten, immer neuen vermeintlichen Glücksquellen sucht. Diese Suche nach den Kicks ist meistens unbewusst und macht unfrei. Etwas in uns treibt uns. Wir rennen dem Glück hinterher und verpassen es gerade deshalb, weil wir rennen.

Warum machen die Traumobjekte, die wir uns gewünscht haben, nach einiger Zeit nicht mehr glücklich? Auch das war für mich eine interessante Erkenntnis: wir gewöhnen uns daran und wir nehmen sie nicht mehr bewusst wahr. Das, was wir vorher vermissten und was uns daher immer wieder schmerzlich bewusst wurde, ist jetzt behoben. Es fehlt nicht mehr. Es ist normal, verfügbar und verliert die Bedeutung. Die ersten Wochen im neuen Haus spüre ich noch die Freude, dann habe ich mich daran gewöhnt. Die Zeit des Verliebtseins, in der ich mich freue, endlich mit dem passenden Partner zu sein. Dann gewöhne ich mich an seine Anwesenheit und beginne, die Mängel zu sehen. Ein Rennfahrer wie Michael Schuhmacher war bei seinem ersten Formel-1-Sieg vermutlich glücklicher als bei seinem 15ten. Selbst an die Glückseligkeit und Gedankenstille, von der ich nach meinem Erwachen so fasziniert war, habe ich mich gewöhnt. Ich bemerke sie heute nur noch, wenn ich mich an den früheren Zustand erinnere. Ich habe mich bereits so daran gewöhnt, dass ich manchmal nicht mehr nachempfinden kann, wie das Gedankenkarussell und der Gefühlssumpf sich anfühlten.

Je mehr „Glück" man hat, je besser die Objekte, die man bekommt oder sich leisten kann, desto höher wird die Schwelle für das Glücksgefühl. Daher wohl auch die unbewusste Einstellung, dass Geld eben doch glücklich macht, weil mit Geld der äußere Mangel an Traumobjekten zumindest zum Teil behoben werden kann.

Die alltäglichen Objekte können auch weiterhin Glücksgefühle auslösen, wenn wir sie uns bewusst machen. Wenn ich mein Haus nach 20 Jahren wieder mit dem Gefühl von Freude und Wertschätzung betrete, kann es auch nach 20 Jahren noch Gefühle von Glücklichsein hervorrufen. Wenn ich mich über mein Auto freue, obwohl der verkratzte Lack nicht mehr so glänzt wie am ersten Tag, ist das Glücksgefühl wieder da. Wenn ich dankbar bin für die schöne Zeit mit meinem Partner, macht mich meine Beziehung glücklicher, als wenn ich ihn als Bestandteil meines Lebens ansehe. Der Unterschied ist die bewusste Wahrnehmung.

Doch zurück zur Glückseligkeit. Wenn sie unser Grundgefühl ist, wieso hängen wir dann so oft in unangenehmen Gedanken, Gefühlen und im Leid? Wie machen wir uns eigentlich das Leben schwer?

5.
Was ist Leid?

Genau wie Glück, meint Leid einen inneren Zustand. Glück ist ein angenehmes Gefühl, das wir möglichst immer spüren möchten. Leid ist das Gegenteil, ein äußerst unangenehmes schmerzliches Gefühl, das wir vermeiden möchten, das wir auf keinen Fall wollen. Wenn es dann doch da ist, versuchen wir es möglichst schnell wieder los zu werden oder hängen wie gefesselt darin fest.

Eine der wichtigsten Erkenntnisse war, dass Leid und Schmerz nicht das Gleiche sind. Leben ist mit Schmerz verbunden. Wir schneiden uns in den Finger und die Wunde schmerzt. Wir stoßen uns den Kopf an und der Körper reagiert mit Kopfschmerzen. Ein geliebter Mensch verlässt uns und wir spüren den emotionalen Schmerz. Schmerz ist eine natürliche Reaktion des Körpers, eine Empfindung im gegenwärtigen Moment, ausgelöst durch ein körperliches Ereignis oder durch eine äußere Situation. Schmerz ist mit dem irdischen Leben und diesem Körper verbunden. Vermutlich können wir ihn nicht verhindern.

5 – WAS IST LEID?

Leid entsteht aus dem körperlichen und emotionalen Schmerz durch Bewerten, Vergleichen und Vorstellungen. Es entsteht auch aus Angst, doch dazu später. Ein Ereignis löst Schmerz aus, und der Schmerz wird wahrgenommen. Und dann reagiert der Verstand ablehnend oder bewertend und erzeugt dadurch Leid. Wir wollen den Schmerz nicht mehr spüren und kämpfen dagegen an. Wir wollen diese Erfahrung ungeschehen machen, was nicht möglich ist. Die Reaktion des Verstandes lässt uns leiden. Bei mir liefen dann immer wieder die gleichen Sätze ab: „Das ist ja furchtbar *(Bewertung)*. Dieser Schmerz ist kaum auszuhalten *(Vergleich mit früheren Schmerzen)*. Warum musste das denn jetzt passieren *(Vorstellung, es sollte anders sein)?* Wie konnte ich mich nur so ungeschickt anstellen *(Bewertung)?* Warum passiert das ausgerechnet mir? Warum immer ich? Ausgerechnet jetzt, das kann ich doch jetzt nicht brauchen. Ich will das nicht." Würden wir den Schmerz akzeptieren, wäre er leichter zu ertragen.

Der Verstand bzw. das Ego-Ich hat viele Varianten, Leid zu schaffen. Doch bevor ich dies weiter ausführe, möchte ich klarstellen, dass ich nichts gegen den Verstand oder das Ego-Ich habe. Wenn ich Mechanismen beschreibe, die uns das Leben schwer machen, entsteht schnell der Eindruck, ohne Verstand wäre unser Leben besser. Das stimmt nicht! Verstand und Ego-Ich sind ein göttliches Geschenk für dieses Leben auf der Erde. Sie versuchen unseren Körper vor Gefahren zu schützen und gesund zu halten. Und sie machen unser Leben lebenswert und erfolgreich. Ohne Verstand gäbe es keine Worte, kein logisches Denken, keine Erinnerung, keinen PC und kein Telefon. Ohne meinen Verstand hätte ich dieses Buch nicht schreiben können. Er ist derjenige, der die Erkenntnisse durchdenkt, auf Folgerichtigkeit überprüft und sie logisch darstellt. Der Verstand sucht die treffendsten Worte, und selbst für Erleuchtung und Erwachen hat er beschreibende Begriffe gefunden. Sogar für die Intuition brauchen wir den Verstand, denn er setzt die intuitiven Impulse um. Wenn zum Beispiel ein Konstrukteur eine Lösung findet, die plötzlich *aus dem Nichts* da ist, wird diese Idee vom Verstand weiter verarbeitet und brauchbar umgesetzt. Doch manche Mechanismen des Verstandes führen zu übertriebenen Ängsten und Sorgen. Es ist gleichgültig, warum der Verstand so reagiert, denn wenn wir die Ursache kennen, hilft das nicht unbedingt bei der Lösung. Besser, als nach dem Warum zu fragen, ist, nach der Lösung zu schauen.

Da ich glücklich sein wollte, mich aber immer wieder unglücklich fühlte, tauchte irgendwann die Frage auf, wie ich es denn anstelle, zu leiden. Seit ich in Frieden und Glückseligkeit bin, fällt es mir viel leichter zu erkennen, wie Leid, Angst und Sorge entstehen. Manchmal wundere ich mich, wieso ich mich das nicht schon früher gefragt habe. Da landete ein Behördenbrief auf meinem Schreibtisch und schon der Umschlag löste Panik aus. Ich hatte ihn noch nicht einmal geöffnet, wusste nicht, ob er nicht nur das Knöllchen vom letzten Falschparken enthielt, und dennoch war ich in Panik. Jahrzehntelang war diese Reaktion meines Körper-Verstandes so normal für mich, dass ich sie nicht hinterfragte, obwohl ich auch Situationen erlebt hatte, in denen ich beim Behördenbrief völlig ruhig blieb. Auch dass ständig Gedanken entstehen und ich von einer Stimmung in die nächste fiel, war mir nicht bewusst. Haben Sie schon einmal Ihre Gedanken beobachtet, so wie man einer Radiosendung zuhört? Vielleicht gönnen Sie sich mal das Vergnügen. Ich wusste früher nicht, wie viel und vor allem was mein Verstand alles denkt. Heute beobachte ich die Mechanismen von Verstand und Ego-

Ich ganz fasziniert. Wie ist diese Panik entstanden? Wie genau macht mein Körper-Verstand das?

Als ich meine Beobachtungen anderen Menschen mitteilte, stellte sich heraus, dass in ihnen die gleichen Mechanismen ablaufen. Auch ihnen waren sie nie aufgefallen, und es zeigte sich, dass das Leben stressfreier verläuft, wenn man die Mechanismen des Verstandes kennt. Wenn man sie beobachtet und ablaufen lässt, ohne ihnen Bedeutung zu schenken, ohne zu verzweifeln, dass sie immer noch da sind, obwohl man schon zwanzig Sitzungen dazu genommen hat, verlieren sie an Kraft.

Was mich verblüffte, war, dass weder ich noch andere Menschen diese Erkenntnisse konsequent umsetzten. Ich wollte nicht mehr leiden, sondern permanent glücklich sein. Doch obwohl ich erkannt hatte, dass Leid durch Bewertung entsteht, bewertete ich weiterhin. Ich reagierte weiterhin so, wie ich eigentlich nicht mehr reagieren wollte. Ja, ich vergaß sogar meine Erkenntnisse. Wenn sie mir dann doch wieder einfielen, verurteilte ich mich auch noch dafür, dass ich die hilfreiche Methode vergessen hatte und erzeugte damit zusätzliches Leid.

Heute sehe ich, dass es Zeit und Ausdauer braucht, Erkenntnisse umzusetzen. Wenn wir etwas lange Zeit in einer bestimmten Weise tun, läuft das Verhalten in den tief eingefahrenen Bahnen der Gewohnheit. Soll es anders laufen, müssen erst neue Bahnen geschaffen werden. „Übung macht den Meister", pflegte meine Mutter zu sagen und ich konnte diesen Satz nie leiden. Ich dachte immer, es müsse auch sofort zu schaffen sein. Leider hatte sie recht. Für mich war es wichtig, dies zu akzeptieren. Erst dadurch war ich relaxed, wenn ich auch bei der fünften Wiederholung einer Situation noch genauso reagierte wie immer, obwohl ich nun durchschaute, wie es ablief, und wusste, was ich anders tun konnte. Erst beim zehnten Mal gelang es mir, anders zu reagieren, um beim elften Mal nur wieder ins alte Muster zu fallen und mich darüber zu ärgern. So ist es. Unzählige Male habe ich es erlebt. Wenn man darüber schmunzelt, dass es eben so ist, ärgert man sich weniger.

Das Leid mit dem Verstand

Der Verstand ist ein göttliches Geschenk. Ohne ihn könnten wir dieses Leben nicht meistern, könnten nicht lernen, den Alltag nicht gestalten und nichts für eine angenehmere Zukunft tun. Er hat die Aufgabe übernommen, den Körper zu erhalten, und tut dies seit Jahrhunderten. Damit arbeitet er für den Körper, auch wenn wir manchmal nicht den Eindruck haben, dass seine Reaktionen hilfreich sind. Mit manchen Strukturen macht er uns das Leben schwer. Aber nicht deshalb, weil der Verstand oder das Ego-Ich, was oft das Gleiche ist, böswillig wären. Oder weil er uns schaden will. Oder weil er verhindern will, dass wir glücklich oder erleuchtet werden. Es ist deshalb, weil die Reaktionsmechanismen des Verstandes eine entwicklungsgeschichtlich sinnvolle Prägung haben, die aber in der heutigen Zeit nicht immer passend ist. Außerdem haben wir gelernt, in dieser Weise zu denken, zu fühlen und zu reagieren. Wir sind trainiert, dem Verstand die Herrschaft über unser Leben zu überlassen.

Wenn bestimmte Mechanismen des Verstandes mich stören oder Leid erzeugen, ist es nicht sinnvoll zu fragen, warum er das tut, sondern **wie** gelingt ihm das und was kann ich tun, um es zu ändern. Durch das Beobachten meiner Gedanken und Gefühle konnte ich einige Mechanismen erkennen. Zuerst war ich entsetzt. Doch nach einer Weile wurde es faszinierend, die

Vorgehensweise von Verstand und Ego zu entdecken. Interessanter als ein Abenteuerfilm.

Angst

Angst ist wie Schmerz eine natürliche Reaktion des Körpers. In unbekannten Situationen reagieren höher entwickelte Lebewesen mit Angst, die sie erst mal zurückhält. Das rettet ihnen in vielen Fällen das Leben. Alles Neue, noch nie Erlebte, alles Unbekannte ist erst einmal eine potentielle Gefahr für den Organismus und er löst in solchen Situationen Angstgefühle aus. Dadurch wird zuerst beobachtet und analysiert und anschließend entschieden, ob die Situation gefährlich ist oder nicht. Fällt die Entscheidung für Gefahr, wird der Panikknopf gedrückt. Der Organismus reagiert dann mit Nervenreizen und Hormonausschüttung. Angst und Stress machen den Körper sofort kampf- oder fluchtbereit. Er spannt sich an, das Herz schlägt schneller, die Atemfrequenz steigt, die Blutzusammensetzung ändert sich. Wir schwitzen, zittern, ballen die Fäuste. Und vor allem: je stärker der Panikreiz ist, desto vollständiger werden die Denkprozesse blockiert. Denn schließlich brauchen wir all unsere Energie fürs Kämpfen oder Rennen. Denken ist in solchen Momenten energieverschwendender Luxus.

In lebensbedrohenden Momenten ist Angst gesund, denn sie schützt den Körper. In unserer heutigen Welt gibt es jedoch zahlreiche Situationen, die Angst auslösen und in denen die Entscheidung für Kampf oder Flucht nicht passt. Wir haben einen Fehler gemacht und unser Vorgesetzter lässt ein Donnerwetter niederprasseln, was in uns Flucht- oder Kampftendenzen auslöst. Beides ist nicht ratsam, denn in beiden Fällen würden wir vermutlich unseren Arbeitsplatz gefährden. Wir haben eine

Aufgabe übernommen und bekommen Angst, sie nicht zu schaffen. Auch dann sind Flucht oder Kampf mit dem Auftraggeber nicht hilfreich. Ebenso wenig wenn ich ein Bankgespräch habe, weil mein Konto überzogen ist.

In Angstsituationen versetzen die ausgeschütteten Hormone unseren Körper in Anspannung. Die Hormone werden aber nicht abgebaut, da keine Bewegung stattfindet. Die Anspannung bleibt und der Verstand speichert diese unangenehme Situation, um sie beim nächsten Mal schon im Voraus zu verhindern. Und beim nächsten Fehler, in der nächsten Stresssituation und beim nächsten schwierigen Gespräch reagiert er schon im Voraus mit Angst. Nicht nur bei Fehlern, sondern manchmal auch schon, wenn er die wütende Stimme des Chefs oder des Partners hört. Der Panikknopf wird gedrückt, das Denken abgeschaltet, und jetzt einen Fehler zu machen, ist fast schon unvermeidlich, denn das vernünftige Denken ist blockiert.

Mein Körper reagierte lange Jahre mit Stress, wenn ich bis zu einem bestimmten Zeitpunkt etwas fertig haben musste und der Eindruck entstand, ich schaffe es nicht. Jedes Mal, wenn wir auf eine Messe fuhren und zu spät mit dem Packen angefangen hatten, kam ich in Stress. Ich reagierte hektisch und gereizt. Je stärker die Panik wurde, desto blockierter war mein Denken und desto mehr Fehler machte ich. Was natürlich Zeit kostete und mich noch mehr in Panik versetzte.

Wahrscheinlich kennen viele Menschen diesen Mechanismus. Jeder hat andere Auslöser, eine ärgerliche Stimme, ein Polizist, ein enttäuschtes Gesicht, ein Stich im Herzen. Doch der Ablauf ist der gleiche. Aus der natürlichen Reaktion des Körpers entsteht ein hinderliches Verhalten. Wir leiden, wenn unser Verstand aufgrund von unangenehmen Erfahrungen der Vergangenheit gelernt hat, den Panikknopf zu drücken, selbst wenn diese Situation nicht lebensbedrohlich ist. Doch das können wir ihm nicht verübeln. Denn schließlich will der Verstand den Körper vor Gefahren schützen und da ist es besser, den Panikknopf lieber einmal zu viel als einmal zu wenig zu drücken.

Nicht immer ist es die extreme Panikangst, die unser Verhalten bestimmt. Im Laufe der Jahre fand ich heraus, dass ich oft aus Angst handelte. Meistens unbewusst. Aus Angst vor Ablehnung nahm ich Einladungen an, zu denen ich eigentlich nicht hinwollte. Aus Angst vor der Wut oder Enttäuschung meines Partners, übernahm ich die ganze Hausarbeit und das Geldverdienen. Aus Angst vor der Reaktion des anderen, hielt ich mich und meine Meinung zurück. Vermutlich können Sie die Beispiele beliebig ergänzen.

Was jetzt tun mit dieser Erkenntnis? Wenn wir versuchen würden, alle angstauslösenden Momente zu analysieren und abzubauen, wären wir ziemlich lange beschäftigt.

Für mich war die Technik des *Sich Beobachtens,* die auf Seite 142 beschrieben ist, sehr hilfreich. In dem Moment, in dem ich bemerke, dass sich Angst oder Panikgefühle breit machen, schaue ich hin: Welche Gedanken gehen mir durch den Kopf? Wodurch wurde die Angst ausgelöst? Was befürchte ich? Dann atme ich einige Male tief durch und erlaube den Angstgefühlen, weiterzuziehen. Oft hilft auch, sich zu bewegen, um die Stresshormone abzubauen. Und dann frage ich mich: Was ist JETZT zu tun? Der Panikknopf macht den Körper kampf- oder fluchtfähig. Doch wenn weder Kampf noch Flucht erforderlich ist, kann der Körper wieder in den Normalzustand zurückkehren.

Wie ich bereits erwähnte, verschwindet das Panikgefühl meist nicht beim ersten Mal, wenn ich anders reagieren will.

Es braucht Übung. Für manche Menschen sind auch Stressbewältigungstechniken empfehlenswert, zu denen es zahlreiche Bücher und Seminare gibt.

Der Katastrophenfilm

Ist Ihnen schon einmal aufgefallen, dass der Verstand sich in schwierigen Situationen das Schlimmste ausmalt, was passieren kann, und damit den Panikknopf drückt? Dann läuft der Katastrophenfilm und er ist auch noch gewürzt mit dramatischen Gefühlen. Wir hängen in Angst und Panik, obwohl noch nichts passiert ist. Faszinierend. Ein Seminar fällt aus, weil sich zu wenig Teilnehmer angemeldet haben, und sofort beginnt der Film: Wovon soll ich leben, wenn nun keiner mehr zu den Seminaren kommt? Das Ohne-Geld-unter-der-Brücke-Verhungern-Bild taucht wieder auf, lähmende Angst befällt mich. Eine Freundin erzählte, dass sie bei Schmerzen im Bein jedes Mal von der Angst überfallen wird, ihre Krampfadern könnten eine Thrombose ausgelöst haben, die die Adern im Herzen und im Gehirn verstopft und einen Schlaganfall auslöst. Das Auto macht merkwürdige Geräusche und ich fürchte, es könnte nachts auf einer menschenleeren Strecke liegen bleiben. Ich verfahre mich und hänge in der Angst, dass ich nie ankomme. Gerhard und ich streiten uns und ich fürchte, dass wir nie wieder miteinander reden, er mich verlässt und ich für immer alleine bleibe. Ich habe einen Fehler in der Buchführung gemacht und fürchte, dass das Finanzamt mich wegen Steuerhinterziehung verurteilt. Bei jedem neuen Wachstumsschritt von LichtWesen, wenn wir Geld investieren mussten und unser Konto leer war, fürchteten wir uns vor dem Konkurs. Selbst bei kleinen Fehlern projizierte der Verstand ein Drama. Ich hatte ungünstig geparkt und ein Nachbar, dem ich noch nie vorher begegnet war, kam schlecht in seine Einfahrt. Als er mich sah, beschimpfte er mich aufgebracht, ich sei die boshafteste und schlechteste Person der Welt und er wolle mich nie wieder sehen. Seine Beschimpfung machte mir nichts. Aber mein Verstand malte mir aus, dass er das nun allen anderen Nachbarn erzählen würde, die mich dann ebenfalls verachten würden, und falls ich einmal Hilfe bräuchte, wäre keiner da. All das lief früher ab, ohne dass ich es bemerkte, ohne dass es mir bewusst wurde. Ich nahm nur die Angst- und Panikgefühle wahr, nicht, was sie ausgelöst hatte.

Manchmal lief der Film stunden- oder sogar tagelang. Immer wieder kreiste das Gedankenkarussell mit der lähmenden Angst. Als ich mich fragte, wann in meinem Leben das Schlimmste denn jemals eingetreten sei, konnte ich mich an keine Situation erinnern. Mir ist es nie passiert. Auch in meinen Vorträgen fragte ich. Es meldete sich höchstens einer. Das zeigt, es kann vorkommen. Doch meistens passiert es nicht. Und wenn es passiert, dann ist aus *einem* Katastrophenfilm Wirklichkeit geworden. Doch der Verstand hat Hunderte produziert und wir glaubten ihm und waren damit in der Angst gefangen.

Zum Katastrophenfilm gehören auch Generalisierungen: *Immer* passiert mir das. Warum muss das *immer* passieren? *Nie* bekomme ich das, was ich möchte. *Immer* bringst du das Falsche mit. Wenn ich mal etwas will, hast du *nie* Zeit. *Keiner* steht zu mir. *Alle* wollen etwas von mir. *Alle* finden mich hässlich. Wenn ich mal Hilfe brauche, ist *keiner* da. *Jeder* denkt, ich sei zu dumm. Ich brauche wohl nicht auszuführen, dass keiner dieser Sätze wahr ist.

Der Katastrophenfilm läuft bei vielen Menschen, womit wir unnötig Angst und Leid erschaffen und uns das Leben schwer machen. Ich habe keine Ahnung, ob man den Film verhindern oder abstellen kann. Doch wenn man bewusst wahrnimmt, dass er gerade wieder läuft, fällt es leichter, sich nicht darin zu verfangen. Wenn mein Katastrophenfilm läuft, lasse ich ihn einfach laufen, schaue ihn mir an, spüre die damit verbundenen Gefühle – die natürlich unangenehm sind und meinen ganzen Körper beherrschen – und ich erlaube, dass es geschieht. Der Gedanken- und Gefühlsaufruhr legt sich nach einer Weile wieder. In extremen Situationen half mir, mich mit etwas Angenehmem zu beschäftigen. Oft schaute ich mir ein schönes Video an, um mich abzulenken. Allerdings durfte ich dann keinen Rotwein dazu trinken, der heizte das Gefühlsdrama an.

Der Katastrophenfilm läuft in der Zukunft. Er ist eine Vorstellung des Verstandes, die zeigt, was möglicherweise passieren kann. Doch *jetzt* ist es noch nicht passiert. Ganz deutlich erkannte ich den Mechanismus von Panik und Katastrophenfilm beim Schnorcheln, als große Seetangteppiche im Wasser trieben. Gerade war das Wasser noch klar gewesen, dann war ich im Seetanggestrüpp gefangen. Die Blätter mit den kleinen Stacheln waren überall und kratzten auf der Haut, ich konnte nichts mehr sehen außer Pflanzengewirr und es fühlte sich unangenehm an. Je mehr ich zappelte, desto mehr wirbelte das Gewirr um mich herum. Dann überfiel mich die Angst, und zwar aus der *Vorstellung,* dass in diesem Seetang etwas Bedrohliches schwamm, das ich nicht erkennen konnte, das mich aber angreift, verletzt oder sogar tötet. Der Verstand zeigt eine bedrohliche Situation in der Zukunft. Doch noch ist nichts passiert. Und wir hängen in Angst- und Panikgefühlen. Wie oft erleben wir Angst und machen uns Sorgen, obwohl noch nichts passiert ist – und vielleicht auch nie passieren wird?

Der Katastrophenfilm findet in der Zukunft statt. Die beste Reaktion, um aus dem Drama und dem damit verbundenen unangenehmen Gefühl auszusteigen, ist für mich, wieder ins *Jetzt* zurückzukehren. *Jetzt* ist noch nichts passiert, außer dass ein Seminar ausfällt, das Konto leer ist, ich Streit habe, im Seetang hänge. In dem Moment, in dem mir bewusst wird, dass das Drama läuft, frage ich: Was ist *jetzt?* Und die nächste Frage lautet: Was ist *jetzt zu tun?* Manchmal gibt es etwas zu tun, manchmal nicht.

Gibt es nichts zu tun, entsteht oft das nächste Problem, denn der Verstand will sofort eine Lösung oder zumindest wissen, wie es weitergeht. Es gefällt ihm nicht, in einer ungewissen Situation zu hängen. Er will die Zukunft unter Kontrolle haben wegen seiner Aufgabe, Situationen in gefährlich und ungefährlich einzuordnen und im Notfall den Panikknopf zu drücken. Wenn es jetzt nichts zu tun gibt, ist es wieder eine Übungsaufgabe, geduldig zu sein und die innere Spannung auszuhalten, bis der Impuls zum Handeln kommt oder die Situation sich löst.

Der Filmriss

Dass der Verstand die schlimmste Katastrophe ausmalt, die eintreten kann, ist nicht einmal das Schlimmste. Noch schrecklicher ist, dass er am schlimmsten Punkt des Dramas stoppt. Der Film endet mit dem Gefühl, ohne Geld unter der Brücke zu hungern, mit Gerhard ewig im Streit zu bleiben, verlassen zu werden und für den Rest meines Lebens alleine zu sein oder im Gefängnis zu sitzen. Der Film endet bei den schlimmsten Erwartungen und Gefühlen, im größten Schmerz, in der tiefsten Trauer, und genau dort hängen Vorstellung und Gefühl fest. Wir stecken im dunklen Tunnel, sehen kein Licht und keinen Ausgang und haben das Gefühl, so bleibt es für immer. Nie wieder wird sich etwas ändern. Doch das Leben ist nicht so! Selbst wenn das Schlimmste eintreten sollte, geht das Leben weiter. Wenn niemand mehr zu meinen Seminaren kommen sollte, mache ich etwas anderes. Wenn der Behördenbrief eine unangenehme Mitteilung enthält, wird sie geklärt. Irgendetwas wird geschehen. Selbst wenn ich hungere und friere, kein Geld und keine Wohnung mehr habe, das Leben geht weiter. Natürlich wäre das nicht angenehm, aber auch das ist vorübergehend. Eckhard Tolle, ein Erwachter, verbrachte nach seinem Erwachen zwei Jahre auf einer Parkbank, weil er alles verloren hatte. Heute ist er ein bekannter Lehrer und Autor und wahrscheinlich wohlhabend.

Das Leben geht weiter und öffnet neue Türen. Wenn ich dies beim Katastrophenfilm berücksichtige, entspannt etwas in mir. Selbst wenn das Schlimmste eintreten sollte, was sehr selten vorkommt, doch selbst wenn, dann vergeht auch das und etwas Neues kommt. So war es auch, als ich mich umbringen wollte, weil ich in der Vorstellung hing, dass meine Situation nie anders werden würde. Heute sehe ich, dass dieses Erlebnis sogar ein Geschenk war und mich zum bewussten und wirklich glücklichen Leben führte.

Wenn ich zurückblicke, erkenne ich auch, dass ich erheblich weniger gelitten hätte, wenn ich nicht in die Zukunftsfilme des Verstandes eingestiegen wäre.

Als ich vor Jahren wieder einmal in Angst und Traurigkeit fest hing, kam der Hinweis aus der geistigen Welt: Was wäre, wenn du dieses Gefühl jetzt das allerletzte Mal in deinem Leben spüren würdest? Eigentlich hätte ich erwartet, dass ich freudig auf sein Ende warten würde. Doch ich kostete es bis zum letzten Moment aus. Genoss es wie ein exotisches Essen, das ich nie wieder bekommen würde. Ich war fasziniert, wie sich meine Bewertung dieser schrecklichen Gefühle veränderte. Danach nutzte ich die Technik in unangenehmen Situationen öfter, und jedes Mal ließen sich die Gefühle leichter ertragen, jedes Mal veränderte sich mein Erleben. Irgendwann vergaß ich dieses Geschenk wieder und litt wie vorher.

Gedanken und Gefühle sind verknüpft. Wenn der Gedankenfilm feststeckt, hängen wir auch im dazugehörigen Gefühl fest. Wenn der Film beim Unter-der-Brücke-Verhungern-Bild aufhört, sind wir gefangen im Gefühl zu sterben. **Und** Gedanken und Gefühle kommen und gehen, selbst die schrecklichsten. Jedes Gefühl, und sei es noch so intensiv, verblasst nach einiger Zeit und macht etwas Neuem Platz. Bei Gefühlen dauert das meist länger als bei Gedanken.

Wenn Ihnen bewusst wird, dass Sie gerade an der schlimmsten Stelle Ihres Katastrophenfilms fest hängen, erinnern Sie sich, dass das Leben weitergeht. Eine gute Methode, um dann aus diesem Gefühlssumpf schneller herauszukommen, ist, den Film mit positiven Varianten weiterlaufen zu lassen und sich mögliche Happy Ends auszumalen. Dadurch kommen die festgefrorenen Vorstellungen und Gefühle wieder ins Fließen.

Die Angst, einen Fehler zu machen

Die Angst, einen Fehler zu machen, ist meistens eine Kombination aus Katastrophenfilm und Filmriss. Vielleicht wird uns diese Angst im christlichen Kulturkreis schon in die Wiege gelegt, denn ist nicht auch der Rausschmiss aus dem Paradies in gewisser Weise die Katastrophe, die folgte, nachdem Eva und Adam etwas Falsches taten?

Bei mir steckte hinter dieser Angst die Befürchtung, in einer Sackgasse zu landen und nie mehr rauszukommen. Also Katastrophenfilm und Ende für immer. Mit diesem Sackgassenbild war es schwierig, Entscheidungen zu treffen, denn immer saß mir die Angst im Nacken, dass ich durch eine falsche Entscheidung eine Katastrophe heraufbeschwöre. Es fiel mir schwer, einen Schritt zu tun, denn immer wieder flüsterte mir die Angst zu, dass ich sterben werde, wenn dieser Schritt falsch ist. Aus diesem Grund fand ich auch nicht die Kraft, die erste Ehe zu beenden, als sie für mich nicht mehr stimmte, denn die Angst vor der Katastrophe flüsterte mir zu: Und wenn der nächste Mann noch schlimmer ist? Oder wenn du dann nie wieder jemanden findest? Wenn du dann für den Rest deines Lebens alleine bleibst und einsam stirbst? Was, wenn dein Partner aus Wut oder Verzweiflung etwas Furchtbares tut und du deshalb nie wieder glücklich sein wirst?

Das Ego-Ich hat auch die Vorstellung, dass das Leben gut läuft und es keine schwierige Situation mehr gibt, wenn ich alles richtig mache. Doch das stimmt nicht. Wie oft habe ich erlebt, dass ich alles richtig gemacht habe oder es so machte wie immer, und plötzlich kommt es zu Schwierigkeiten. Wir können nur unser Bestes tun, doch das Ergebnis liegt nicht wirklich in unserer Hand.

Fehler zu machen ist nichts Schlimmes. Wir machen ständig Fehler. Manche bemerken wir nicht einmal, weil nichts Schlimmes dadurch passiert. Wie oft sind wir beim Autofahren oder bei der Hausarbeit unaufmerksam? Wie oft hätte sich daraus ein Unfall ereignen können? Doch es passierte nichts. Wenn sich dann doch aufgrund eines unaufmerksamen Momentes ein Unfall ereignet, nutzt der Verstand dies, um dem Katastrophenfilm mehr Bedeutung zu geben. „Siehst du", kommentiert er dann, „hab ich es nicht schon vorher gesagt?" Genauso, wenn ein Buchhaltungsfehler eine hohe Steuernachzahlung verursacht oder aufgrund eines vergesslichen Momentes das Auto nicht abgeschlossen und dann gestohlen wird. *Ein* Fehler mit unangenehmer Folge, und der Verstand tendiert zur Ansicht, dass jeder Fehler zur Katastrophe führt. Schon im Voraus reagiert er dann mit Angst und fördert damit eher die Katastrophe, da die Angst das Denken beeinträchtigt.

Selbst wenn aufgrund eines Fehlers etwas Schlimmes passiert, das Leben endet nicht. Es geht weiter. Eine neue Möglichkeit tut sich auf. In einem Buch von Sabrina Fox las ich den hilfreichen Satz: Das Leben ist kein Bus, sondern ein Busbahnhof! Das hat sich in meinem Leben bestätigt. Wenn man eine Möglichkeit verpasst, kommt mindestens eine neue. Meistens war sie schon da, wir haben sie nur übersehen oder fanden sie nicht beachtenswert.

Seitdem ich diesen Satz verinnerlicht habe, seitdem ich weiß, dass das Leben auch nach einem Fehler oder nach einer falschen Entscheidung und nach einem Drama weitergeht und auch schöne Stunden bringt, ja selbst neues Glück, seitdem fallen mir Entscheidungen leichter. Mein ganzes Leben ist leichter geworden. Es ist ein Spiel der Möglichkeiten.

Wir sind nicht perfekt, machen immer wieder Fehler und in den allermeisten Fällen passiert nichts! Und wenn doch mal etwas passiert, reicht es, sich dann erst Gedanken zu machen. Die Gedanken und Überlegungen vorher sind überflüssig.

... und sie lebten glücklich
bis an ihr Lebensende

Nicht nur im Leid bricht der Film des Verstandes auf dem Höhepunkt ab, auch bei der Vorstellung, wie ein glückliches Leben aussieht. Diese Vorstellung entsteht aus dem Bild, dass der glückliche Moment immer so bleibt und sich nie verändert. Eine glückliche Beziehung ist der schönste Moment, den wir in einer Beziehung erlebt haben, und der bleibt für immer. Wir träumen von einer Arbeit, bei der es uns immer gut geht und in der wir immer erfolgreich sind und bewundert werden und alle Anforderungen spielend lösen. Schwankungen, Höhen und Tiefen und die Veränderungen des Lebens sind in dem Film des glücklichen Lebens nicht enthalten. Wenn sie dann eintreten, glauben wir, es wäre etwas falsch. Glücklich sein ist immer gleich glücklich sein, erfolgreich sein ist immer gleich erfolgreich sein oder noch erfolgreicher werden, gut aussehen heißt immer aussehen wie mit zwanzig. Stillstand wie im Katastrophenfilm. Der Katastrophenfilm malt das ewige Leid, der Glücksfilm das ewige Hochgefühl. Dass das Leben weitergeht, wird nicht berücksichtigt.

Außerdem setzen erfreuliche Erlebnisse einen Vergleichsmaßstab. Im Beruf haben wir eine Position erreicht und sie wird Vergleichspunkt, ob wir uns verbessern oder verschlechtern. Der erfolgreichste Moment wird Maßstab für alle weiteren Erfolge. Mit dem schönsten Kuss werden alle weiteren Küsse verglichen. Wir hatten ein besonders erfüllendes sexuelles Beisammensein und wollen es immer wieder so erleben. Wir erleben einen besonders glücklichen Moment und vergleichen die folgenden glücklichen Momente, ob sie genauso schön oder schöner sind und die Nummer Eins ersetzen können. Jedes angenehme und erfreuliche Ereignis wird zum Muster. Der Höhepunkt wird Maßstab für unser Glück.

Doch nicht nur unsere eigenen Erlebnisse werden zur Messlatte. Hollywoodfilme und Romane prägen uns ebenfalls und schaffen Vorstellungen, wie es aussieht, erfolgreich zu sein, eine glückliche Beziehung zu haben, geliebt und begehrt zu werden, reich zu leben. Und auch diese Filme enden beim Happy End – viele jedenfalls. Die eigenen schönen Erlebnisse und die Film- oder Romanbilder werden zum Maßstab für das eigene Glück, und damit können wir die schönsten Momente des Lebens vermiesen, weil wir unzufrieden sind und denken, dass es noch besser sein sollte.

Am Vergleich an sich ist nichts auszusetzen. Er hilft, den eigenen Standpunkt zu finden. Was aber meistens gleichzeitig geschieht, ist, dass wir das angenehme Geschehen des Momentes nicht mehr genießen, wenn es nicht unserem Maßstab und unserer Vorstellung entspricht. Die vielfältigen Nuancen des Lebens nehmen wir dann nicht mehr wahr. Wir essen eine Pizza, die besser schmeckt als alle anderen vorher, und bei den nachfolgenden Pizzen vergleichen wir und werten, anstatt den eigenen pikanten Geschmack dieser Pizza zu genießen.

Wie beim unangenehmen Katastrophenfilm liegt die Lösung im Jetzt. Wenn wir jeden Moment wahrnehmen, wie er ist, jede schöne Situation neu erleben, vergrößern wir unseren Lebensgenuss.

Hauptsache etwas anderes

Der Verstand ist unstetig. Ständig will er etwas anderes, und oft will er genau das, was gerade nicht ist oder was er gerade nicht hat. Und mit dieser Unruhe erzeugt der Verstand Unzufriedenheit. Dieses Muster des Verstandes wurde mir besonders deutlich in der Zeit auf der Insel. Der krasse Unterschied zwischen der Stille und der Unruhe des Verstandes erleichterten mir das Erkennen. Denn in Momenten von innerem Frieden überfiel mich der Verstand immer wieder mit der Was-tun-Unruhe. Voller Stille betrachtete ich die sanften Wellen des Meeres und plötzlich fragte mein Verstand: „Sollte ich jetzt nicht lieber Schnorcheln gehen? Wer weiß, ob ich nachher noch Lust dazu habe. Und ich könnte beim Schnorcheln ganz in der Stille sein" oder „Vielleicht sollte ich lieber an den oberen Strandabschnitt gehen. Das hier kenne ich ja nun schon in- und auswendig. Es wird ja langweilig. Andererseits sind dort oben die Wellen viel stärker und vielleicht bringen die mich aus der inneren Stille." Die Stille war schon längst vom Verstand unterbrochen. Ich könnte zahlreiche Beispiele anführen. Vor allem fiel mir nach dieser Entdeckung auf, dass mein Verstand ständig das wollte, was ich gerade nicht tat. Ich saß im Garten und las und er drängte: „Ich sollte spazieren gehen. Das Wetter ist gerade so schön und die Bewegung tut mir gut." Ging ich spazieren, war er auch nicht zufrieden. „Ich wäre besser im Garten sitzen geblieben und hätte meditiert. Das hätte mir gut getan." Wenn ich drinnen saß, wollte er raus. Ging ich raus, wollte er ins Haus. Hörte ich Musik, wollte er lieber Stille, stellte ich die Musik ab und genoss die Stille, wollte er Musik. Selbst jetzt beim Schreiben kann ich es beobachten: „Heute kann ich nicht gut formulieren. Es wäre besser, ich würde jetzt die Hausarbeit erledigen. Dann brauche ich das nicht zu tun, wenn die Worte wieder gut fließen." Wenn ich dann tatsächlich mit dem Schreiben aufhöre, drängt er, mich wieder hinzusetzen: „Selbst wenn es noch nicht perfekt ist, du kannst den Text später immer noch überarbeiten. Aber dann ist er wenigstens geschrieben. Die Hausarbeit kannst du auch später machen." Die Argumentation war immer logisch und sinnvoll, aber egal was ich tat, der Verstand war nicht zufrieden.

Diese Unruhe des Verstandes war wohl schon mein ganzes Leben da, aber sie wurde mir erst deutlich, als die Stille in mir zunahm.

Vorstellungen, Erwartungen und Konzepte

Vorstellungen sind ein Vergleichsmaßstab des Verstandes, nach dem er Ereignisse als richtig oder falsch, als gut oder schlecht bewertet. Und sie beeinflussen unser Leben mehr, als ich erwartet hatte. Das erkannte ich jedoch erst, als ich dieses Kapitel schrieb. Wir wachen morgens auf und haben eine Vorstellung, wie der Tag werden soll, was an diesem Tag alles erledigt werden soll. Kommt etwas dazwischen, sind wir unzufrieden bis gestresst. Wir haben frei und erwarten gutes Wetter. Wenn der Himmel dann bewölkt ist, sind wir enttäuscht, obwohl es trocken bleibt und sich der bewölkte Himmel als ideales Wetter für unser Vorhaben herausstellt. Wir erwarten, dass uns der Partner rote Rosen schenkt, er bringt aber einen Strauß Lilien und wir sind enttäuscht. Wir haben eine Vorstellung von unserem Traumpartner, und wenn der Partner dem Bild nur zu 80 % entspricht, sind wir nicht zufrieden. Wir sind stolz auf unsere Leistung und erwarten lobende Worte. Wenn nichts kommt, zweifeln wir an uns. Wir wollen die Familie mit einem besonderen Essen überraschen und stellen uns einen halben Tag in die Küche, um es zuzubereiten. Doch statt der erwarteten Freude gibt es entrüstete Gesichter. Die Familie hatte auch etwas anderes erwartet und ist jetzt enttäuscht – vielleicht sogar obwohl ihnen das Essen schmeckt. Ein 65-jähriger Mann, der in jüngeren Jahren täglich Sex mit seiner Frau hatte, nahm potenzfördernde Mittel und litt, weil er trotzdem nur noch einmal die Woche Lustgefühle spürte (und es ging wirklich nur um die Lustgefühle! Alles andere funktionierte). Er hatte sich eine Vorstellung davon gemacht, wie es sein sollte. Dass es natürlich ist, wenn die Lust im Alter abnimmt, daran hatte er nicht gedacht.

Nicht nur unsere eigenen Erwartungen machen uns das Leben schwer. Es gibt unzählige Aussagen und Konzepte zu unterschiedlichsten Themen, die Vorstellungen erschaffen. Sie suggerieren, wie etwas sein sollte, wie es richtig abläuft oder was eintreten wird. Wenn wir sie übernehmen, was oft unbewusst geschieht, bewerten wir unsere Erfahrungen nach den übernommenen Konzepten. Unser eigenes Leben wird nach fremden Maßstäben beurteilt und oft verurteilt.

Die Zitate in diesem Absatz sind nicht erfunden, ich habe sie in Büchern gelesen: „Bevor du dich von dir selbst lösen kannst, musst du dich erst finden. Solange du die Wahrheit suchst, solange kannst du sie nicht finden. Gott oder das Leben erhört deine Gebete nur, wenn du reinen Herzens bist. Wenn du erwacht bist und ganz du selbst, dann brauchst du nicht mehr zu schlafen (das habe ich wirklich in einem Buch eines Erwachten gelesen!). Erst wenn der Verstand schweigt, offenbart sich das Sein. Die Liebe des Seins kann erst erfahren werden, wenn der Verstand still ist." Aussagen wie die beiden letzten haben mich lange zweifeln lassen, ob ich überhaupt erwachen kann, denn mein Verstand war nie still. Selbst nach dem Erwachen gab es zahlreiche Gedanken. „Der Weg zum wahren Selbst hat drei Stationen und das sind lebenswichtige Etappen auf deinem Weg." Und wenn es bei mir diese drei Stationen nicht gab, habe ich mein wahres Selbst noch nicht gefunden und die lebenswichtigen Schritte verpasst, folgert der Verstand. Als ein Meister in einem Satsang zu mir sagte „Du wirst erst durch eine tiefe Traurigkeit gehen, dann erst wirst du erwachen", wartete ich auf die tiefe Traurigkeit. Mein Verstand nutzte diesen Satz nach dem Erwachen, um zu fragen, ob das, was ich erlebte, überhaupt das richtige Erwachen sei, da ich keine tiefe Traurigkeit erlebt hatte. Ich traf sogar eine Frau, die erfüllt war von Frieden und Stille. Doch sie litt, weil sie keine spirituellen Seminare besucht und keine esoterischen Bücher gelesen hatte und ihre Töchter ihr gesagt hatten, sie sei nicht spirituell genug. Aus der Vorstellung anderer, wie das Leben richtig sei, erschuf sie sich Leid, obwohl sie bereits von Glückseligkeit erfüllt war, also etwas erreicht hatte, was die anderen noch suchten.

Vor allem die Meinung von Menschen, denen wir Kompetenz zuschreiben, beeinflusst uns. So litt ein frisch verliebtes Paar, bei dem der Mann gerade zu seiner Freundin in deren größere Wohnung gezogen war, weil ein Leiter des Seminars „Familienstellen nach Hellinger" ihnen gesagt hatte, dass dies ein Fehler war. Die Frau muss zum Mann ziehen, sonst geht die Beziehung in die Brüche. Nun fürchteten die beiden sich vor dem Ende und führten Schwierigkeiten auf „ihren Fehler" zurück.

Leid aus Vorstellungen, Konzepten und Erwartungen entsteht durch Bewerten und Vergleichen. Verglichen mit der Vorstellung oder dem Konzept machen wir etwas falsch. Es sollte anders sein. Doch wer weiß, was in meinem Leben richtig oder falsch ist?

Vorstellungen schaffen oft ein Gefängnis, denn durch sie sehen wir die Welt in einem bestimmten Licht und schließen andere Gedankengänge und Möglichkeiten aus. Sie engen uns damit ein und schaffen dann Leid. Wir sind enttäuscht, weil unsere Vorstellungen und Erwartungen nicht eintreten, anstelle uns über das zu freuen, was jetzt ist, was uns das Leben jetzt schenkt. Wir hören Konzepte und machen sie zu unserer Wahrheit, obwohl sie für unser Leben vielleicht keine Bedeutung haben. Fortan sehen wir die Welt durch die Brille unserer Vorstellungen und Erwartungen und sind unzufrieden, anstatt uns über die schönen Momente und das Jetzt zu freuen. Vorstellungen schaffen einen Maßstab, an dem wir unser Leben messen und mit richtig und falsch bewerten. Und sie lassen uns glauben, wenn das da so steht und bei mir ist es nicht so: „Dann mache ich es bestimmt falsch. Ich bin mal wieder nicht fähig."

Die Sätze „ich bin machtlos, ich kann nichts daran ändern, ich habe keine Wahl", sind Ausdruck der Opferhaltung, die ebenfalls eine Vorstellung ist, mit der wir uns das Leben schwer machen. Diese Sätze waren ein entscheidender Punkt für mein Leid und für den Entschluss, nicht mehr leben zu wollen. Auch später tauchten sie in unterschiedlichen Varianten immer wieder auf: „Wenn ich diese Arbeit jetzt nicht tue, macht sie niemand, doch sie muss fertig werden, mir bleibt nichts anderes übrig als weiterzuarbeiten, auch wenn ich nicht mehr kann." Der Verstand ergänzte die Opferhaltung mit dem Katastrophenfilm. Doch in vielen Fällen hätte ich die Arbeit auch jemand anderem geben können. Das hatte ich noch nicht gelernt. Der Satz meines Nachbarn half mir dabei: „Der Friedhof ist voll mit unersetzbaren Menschen." Aus dem Gefühl und der Vorstellung, hilflos zu sein, leiden wir auch in Situationen, in denen wir etwas ändern könnten. Doch wir sehen keinen Ausweg, weil uns die Vorstellung, machtlos zu sein, gefangen hält.

Auch das Konzept, dass man mit der Kraft der Gedanken die Zukunft beeinflusst, ist für manche Menschen zur neuen

Leidensquelle geworden. Wie oft höre ich: „So lange ich diese Einstellung noch habe, so lange wird mir das passieren." Oder „Ist ja kein Wunder, dass in meinem Leben so viel Negatives passiert, bei so vielen negativen Gedanken." Oder „Ich habe ja erwartet, dass es schief geht, also konnte ja nichts anderes passieren." Oder „Ich hatte Angst, dass meine positiven Gedanken nicht wirken würden, also konnten sie sich ja auch nicht erfüllen." Oder „Unbewusst habe ich der Affirmation nicht geglaubt, also konnte das Ergebnis nicht eintreffen." So habe ich auch lange gedacht, trotz der Gegenbeispiele, die ich erlebte. Dann kam die einfache Lösung: Wenn Gedanken die Kraft haben, etwas zu erschaffen, dann kann ich auch mit der Kraft der Gedanken bewirken, dass die negativen Gedanken keinen Einfluss haben. Immer wenn ich Angst hatte, dass ein negativer Gedanke in Erfüllung geht, dachte ich: „Es kommt, was kommt, und diese negativen Gedanken haben keinerlei Einfluss auf das Geschehen."

Frei werden wir, wenn wir uns beobachten und erkennen, welche Vorstellungen unser Leben beeinflussen. Viele Vorstellungen und Konzepte sind kausale Wenn-Dann-Verknüpfungen. „Erst wenn der Verstand schweigt, erlebst du das Sein. Erst wenn du loslässt, kannst du es bekommen. Nur wenn du akzeptierst, kannst du glücklich sein. Glücklich bist du erst, wenn du ganz du selbst bist." Wer sagt, dass das stimmt? Wir können unseren Verstand trainieren, solche Verknüpfungen und Sätze schneller zu erkennen. Wenn wir unsere und fremde Vorstellungen und Konzepte erkennen, haben wir die freie Wahl, welche Vorstellungen wir als passend für unser Leben wählen und welche wir auflösen oder nicht mehr als Wahrheit ansehen. Denn es gibt durchaus Vorstellungen, die unser Leben positiv beeinflussen. So half mir der Satz meiner Oma „Wenn ein Mann dich verlässt, kommen zehn bessere nach" leichter über Trennungen hinweg. Auch der Satz: „Wenn das Leben will, dass ich erleuchtet werde, wird das Leben es schon schaffen, egal wie dumm ich mich anstelle" ist ein Konzept. Doch für mich war es ein hilfreiches und angenehmes Konzept, mit dem ich wesentlich gelassener lebte als vorher.

Auch beim Lesen oder wenn wir anderen zuhören, sollten wir genau hinschauen und hinhören. Esoterische Literatur und Ratgeberbücher sind voll von Konzepten und Vorstellungen. Auch aus diesem Buch können neue Vorstellungen und Konzepte geschaffen werden. Wenn Sie sich dessen bewusst sind und überprüfen, was für Sie stimmt und was Sie ausprobieren oder übernehmen wollen, sind Sie frei.

Meine Mutter pflegte zu sagen: „Freu dich bloß nicht zu früh, dann kannst du auch nicht enttäuscht werden." Ich verwandelte den Satz für mich: „Wenn ich mich zu früh freue, hatte ich wenigstens vorher die Freude." Heute lebe ich mit der Einstellung: „Freue dich an dem, was jetzt ist, und mache dir keine Vorstellungen von dem, was in Zukunft sein wird." Alle drei Sätze sind Konzepte, die das Leben beeinflussen. Es steht uns frei, das zu wählen, was für uns am besten passt und was für uns stimmt. Ich habe erkannt, dass ich mich klar und kraftvoll fühle, wenn ich nach dem lebe, was ich als richtig empfinde. Der Maßstab für mein Leben ist die Liebe.

Die gefärbte Brille

Unsere innere Einstellung beeinflusst unsere Wahrnehmung und auch dadurch machen wir uns oft das Leben schwer. Aufgebracht rief eine Kundin bei uns an und beschwerte sich, dass ihre Lieferung noch nicht angekommen sei: „Ich habe vor einer Woche bestellt und es ist immer noch nichts da. Früher habt ihr innerhalb von zwei Tagen geliefert." Als ich nachprüfte, stellte sich heraus, sie hatte Freitag abends um 19.00 Uhr ein Fax geschickt. Da arbeitete bei uns niemand mehr. Die Bestellung wurde Montag bearbeitet und per Post rausgeschickt. Der Anruf kam Mittwoch um 14.00 Uhr, die Lieferung erhielt sie um 16.00 Uhr, da die Post an diesem Tag später auslieferte als üblich. Die Lieferung erfolgte also innerhalb von zwei Tagen, doch mit der Brille des Ärgers erlebte die Kundin es als eine Woche. Wenn ich einen Menschen abstoßend finde, nehme ich ihn ganz anders wahr als jemand, der in diesen Menschen verliebt ist. Der Mensch ist der gleiche, er wird nur durch eine unterschiedlich gefärbte Brille betrachtet. Ganz besonders fällt mir die Brille in Beziehungen auf. Man sieht den anderen Menschen nicht, wie er wirklich ist, sondern projiziert die eigene Vorstellung hinein. Ist jemand gerade frisch verliebt, schaut er durch die rosarote Brille der Verliebtheit. Alles, was die/der Angebetete tut oder sagt, wird positiv bewertet. Man kennt sich kaum und projiziert die Eigenschaften seines Traumpartners auf den anderen Menschen. Seine Handlungen werden so interpretiert, dass sie zum Traumbild passen. „Oh, dieser Mann ist so süß, er hat mich heute zehnmal angerufen, um mir zu sagen, dass er mich vermisst. Und er ist zum Glück nicht so knochig, sondern knuddelig weich." Hat eine Partnerschaft Auseinandersetzungen und ein Fass voll ungeklärten Ärgers hinter sich, schaut man durch die Gewitterwolkenbrille. „Dieser Mann ist nervig, er hat mich heute zehnmal angerufen, um mir zu sagen, dass er mich vermisst. Außerdem ist er fett." Die innere Einstellung beeinflusst meine Empfindungen. Wenn mich jemand berührt, den ich abstoßend finde, erzeugt die Berührung unangenehme Gefühle. Berührt mich jemand auf die gleiche Weise, den ich attraktiv finde, entsteht ein Wohlgefühl. Die physische Berührung ist die gleiche, Haut trifft auf Haut und die Nerven leiten den Impuls zum Gehirn, wo er verarbeitet wird. Leid entsteht nicht durch die Empfindung, sondern durch die Bewertung. Und das ist nicht nur bei fremden Menschen so. Wenn ich in meinen Partner verliebt bin, genieße ich seine Berührung. Habe ich mich über ihn geärgert, finde ich eine Berührung unangenehm.

Gleichgültig wie die Brille gefärbt ist, sie erzeugt Leid. Ist sie rosarot, entsteht Leid aus der Enttäuschung (die Täuschung der Projektion löst sich auf), ist es die Gewitterwolkenbrille, leide ich, weil ich die Situation unangenehmer wahrnehme, als sie ist.

Auch hier ist es wieder Übung, eine Situation ohne den wertenden Einfluss des Verstandes zu sehen.

Das Energieniveau

Seitdem ich mich mit feinstofflichen Energien beschäftige, kann ich sie immer deutlicher wahrnehmen. Daher fiel mir auch irgendwann der Zusammenhang zwischen dem Wohlbefinden und dem Energieniveau auf. Wenn der Fluss der Lebensenergie in uns harmonisch ist, fühlen wir uns kraftvoll und stabil. Dann reagieren wir selbst in den schwierigsten Situationen gelassen und vertrauensvoll. Nach einem erholsamen Wochenende oder einem Urlaub, nach einem energetischen Seminar oder einer feinstofflichen Energieübertragung fühlen wir uns meist viel besser und zuversichtlicher als vorher. Wir haben Lebensenergie getankt. Das Energieniveau des Körpers ist erhöht.

Geht es mir gut und ist mein Energietank gefüllt, finde ich das Leben klasse. Nichts kann mich aus der Bahn werfen. Wenn unvorhergesehene Schwierigkeiten auftauchen, wenn es scheinbar unüberwindbare Probleme gibt, ist da ein lächelndes Schulterzucken, verbunden mit einer kindlichen Neugier: „Bin gespannt, wie es weitergeht und welche Lösung sich dafür findet."

Wenn der Fluss der Lebensenergie gestört ist, zum Beispiel durch energetische Blockaden oder dadurch, dass mehr Energie verbraucht wird, als wir aufnehmen, werfen uns Schwierigkeiten aus der Bahn. Dann machen wir uns viel schneller Sorgen, Ängste greifen stärker, wir geraten schneller in Stress und die inneren Dialoge und das Gedankenkarussell werden lauter. Oft fällt es dann schwer, einen klaren Gedanken zu fassen oder Entscheidungen zu treffen.

Nicht nur im Urlaub tanken wir auf. Auch Entspannung, Bewegung und Kraftplätze harmonisieren und stabilisieren den Energiefluss. Sicher haben Sie schon bemerkt, wie Sie sich nach Sport, Yoga oder einem Waldspaziergang besser fühlten. Durch Meditationen nehmen wir Lebensenergie auf und manche Meditationen stellen einen Einklang zwischen der Grundschwingung des Universums und dem Körper her. Dabei können geführte Meditationen genauso kraftvoll wirken wie stille. Energetische Behandlungen wie Reiki, Craniosakral, Kinesiologie oder Touch of Oneness stabilisieren und harmonisieren den Energiefluss. Auch unsere Nahrung hat einen Einfluss. Energetisch gehaltvolles Essen stabilisiert uns, wir fühlen uns genährt, während niedrig schwingendes Essen Energie verbraucht, damit der Körper es verarbeiten kann. Das ist ein Grund, weshalb wir uns nach schwerem oder energetisch niedrig schwingendem Essen so müde fühlen. Es kostet den Körper Energie, es zu verarbeiten.

Wenn Sie sich beobachten, finden Sie schnell heraus, was Ihnen gut tut und was eher Energie kostet. Sie werden Ihre eigenen Wege finden, sich wieder aufzuladen.

Durch die Technik des *Sich Beobachtens* finden Sie auch heraus, was Ihr Energieniveau senkt. Für den einen ist Stress erschöpfend, den anderen baut Stress auf. In manchen Situationen ist ein Glas Rotwein für mich entspannend, wenn jedoch mein Energieniveau gerade nach unten rutscht, beschleunigt Rotwein die Talfahrt. Mein Energieniveau brach auch zusammen, wenn ich ohne Pause stundenlang arbeitete.

Auch Vorgänge im Körper haben einen Einfluss auf das Energieniveau und damit auf das Befinden. Seit einigen Monaten geht es mir stabil gut, es gibt kaum noch Gefühlsschwankungen, mein Energieniveau ist stabil. Bis auf eine Ausnahme: Wenn ich menstruiere, sinkt das Energieniveau. Dann laufen jedes Mal die gleichen Muster und Gefühlsfilme ab wie früher bei Stress, bei Überlastung oder in Krisen. Es gibt keinen äußeren Grund, es ist alles bestens und trotzdem passiert es. Ich bin jetzt zwar nicht mehr darin gefangen, ich kann es schmunzelnd beobachten, dennoch fühlt es sich in meinem Körper genauso an wie früher. Wie auf einer Wendeltreppe nach unten komme ich immer wieder an den gleichen Bildern vorbei.

Sinkt mein Energieniveau oder ist es beim Eintritt eines unangenehmen Ereignisses niedrig, beginnt die Talfahrt. Es startet mit dem Gefühl von Last, Schwere und Erschöpfung und den Sätzen: „Wieso muss ich das alles alleine machen? Wieso läuft das denn jetzt schon wieder falsch? Warum bleibt alles an mir hängen?" Dann kommt Wut, verbunden mit den Sätzen: „Das ist mir alles zu viel. Wieso mache ich das überhaupt? Wann hört das denn endlich auf? Lasst mich doch alle in Ruhe." Das anschließende Überlastungsgefühl ist verbunden mit den Sätzen: „Ich kann nicht mehr. Ich will nicht mehr." Verzweiflung, Resignation und der Satz „Ich will nicht mehr leben" bilden die Talsohle. Irgendwann wusste ich, wenn dieser Satz auftaucht, bin ich unten angekommen. Tiefer geht es nicht mehr. Jetzt geht es wieder bergauf. Und tatsächlich ging es mir irgendwann wieder besser. In der Zeit meiner ersten Ehe dauerte ein solcher Durchgang Monate. In der Talsohle hing ich wochenlang fest. Als ich mit den Selbsterfahrungsgruppen und der energetischen Arbeit begann, wurden die Durchgänge immer kürzer. Nachdem ich intensiv mit den LichtWesen Essenzen gearbeitet hatte, war ich innerhalb weniger Stunden wieder aus dem Loch draußen. Und vor allem, die Gefühle hatten mich nicht mehr so im Griff, ich konnte den Zustand wesentlich leichter ertragen und besser damit umgehen.

Es ist faszinierend, immer der gleiche Ablauf, immer die gleiche Reihenfolge, genauso wie früher, als ich wirklich Probleme hatte, als es mir wirklich noch schlecht ging. Als ich mit anderen darüber sprach, wurde deutlich, dass jeder Mensch seine eigene Wendeltreppe, seine eigenen Muster hat, die er durchläuft. Wenn man sie kennt, fällt es leichter, sie nur zu beobachten, ohne sich in Gefühle und Gedanken zu verstricken, ohne ihnen Bedeutung zu geben.

Das Bild eines Stausees verdeutlicht diesen Mechanismus des Körper-Verstandes gut: Auf der Staumauer sind Muster gezeichnet. Ist der Wasserstand des Sees (entspricht der Höhe des Energieniveaus) hoch, sind die Muster verdeckt. Man sieht sie nicht. Sinkt der Wasserstand, werden die Muster wieder sichtbar. Je tiefer der Wasserstand, desto mehr Muster sind sichtbar. Je tiefer unser Energieniveau sinkt, desto stärker fallen wir in unsere unerwünschten, belastenden Verhaltensmuster.

5 – WAS IST LEID?

Fällt das Energieniveau unter ein gewisses Level, wird es immer schwerer, aus dem Abwärtstrend auszusteigen. Wie oft saß ich auf der Couch und litt, war bereits angekommen beim Punkt „Ich kann nicht mehr" und wusste, „Ich will nicht mehr leben" kommt als nächstes. Ich wusste genau, ich brauche jetzt nur meine Tanz-CD einzuwerfen und eine Runde zu tanzen, einen Spaziergang zu machen, eine LichtWesen Essenz zu nehmen und es wird mir besser gehen. Selbst wenn ich mit einer Freundin Kaffee trinken gehe, wird mir das gut tun.

Doch was tue ich? Nichts! Ich bleibe auf der Couch sitzen, leide weiter und falle immer tiefer ins Loch. Wenn das Energieniveau gerade beginnt zu fallen, ist es leichter, es wieder aufzufüllen, etwas zu tun, was gut tut. Je tiefer es fällt, desto schwieriger wird es. So als ob man immer tiefer in einen Sumpf rutscht. Wenn man ganz unten angekommen ist, geht es irgendwann von alleine wieder hoch. Was kommt, das geht auch wieder, auch die schlimmsten Gefühle. Doch es ist nicht angenehm, diese Gefühle zu ertragen.

Obwohl ich diese Abwärtswendeltreppe kannte und durch das *Mich Beobachten* auch schneller wahrnahm, gab es doch zahlreiche Situationen, in denen ich nichts tat. Ich wusste genau, wenn ich weiterhin ohne Pause und ohne Essen arbeite, wenn ich jetzt ein Glas Wein trinke oder einfach nur sitzen bleibe und mich nicht bewege, dann geht es weiter bergab. Und trotzdem tat ich nichts. Das Interessante war, dass dann das Gefühlsloch viel leichter zu ertragen war. Ich hatte mich ja entschieden, ich war wissend und offenen Auges hineingegangen, da ich nichts dagegen getan hatte, obwohl es möglich gewesen wäre. So beobachtete ich die Abwärtsfahrt, schaute mir die längst bekannten Muster an, litt und schmunzelte, wenn der Satz auftauchte: „Ich

117

will nicht mehr leben", denn dann war ich unten angekommen und es konnte nur noch aufwärts gehen.

Es geht nun nicht darum, alles zu vermeiden, was uns Energie kostet. Wenn der Besuch bei meinen Eltern mich Kraft kostet, stabilisiere ich mich vorher und nutze nachher meine Techniken, um mich wieder aufzuladen. Wenn mich eine Nachricht in Angst und Schrecken versetzt und mein Energieniveau zusammenbricht, habe ich die Möglichkeit, mir mit unterstützenden Techniken zu helfen oder mir professionelle Hilfe zu suchen. Auch das kollektive Energieniveau hat einen Einfluss, besonders bei feinfühligen Menschen. Wenn wirtschaftliche Schreckensmeldungen Angst auslösen, spüre ich diese Angst. Heute kann ich unterscheiden, ob es meine Angst ist oder die der Umgebung. Früher kannte ich den Unterschied nicht. Ich spürte Angst und mein „Unter-der-Brücke-Verhungern"-Film lief, obwohl es für mich keinen Grund gab und es mir im Moment gut ging. Halloween und die dunklen Tage des Novembers können Depressionen auslösen, während blütenreiche Frühlingstage mit der kollektiven Erwartung der Sonne uns mit Schwung und Freude erfüllen. Je stabiler mein Energieniveau ist und je schneller ich die Techniken anwende, die mich unterstützen mein Energieniveau wieder aufzuladen, desto besser geht es mir.

6.
Was ist Erleuchtung?

Glück und Leid konnte ich erklären, Erleuchtung nicht. Bevor ich erwachte, hätte ich es gekonnt, denn da hatte ich jede Menge Vorstellungen von Erleuchtung. Ich hatte viel über Erleuchtung gelesen, Satsangs mit Erleuchteten besucht und dachte, Erleuchtung sei vollkommenes Glück, Ekstase, ewiges Glücksgefühl, das Ende aller Schwierigkeiten, das Ende vom Leiden, vollkommene Bewusstheit. Die Worte stimmen zwar, doch vor dem Erwachen stellte ich mir etwas völlig anderes darunter vor als das, was ist. Ich dachte, vollkommene Bewusstheit sei alles zu wissen, alles bewusst wahrzunehmen, Vergangenheit und Zukunft zu kennen, die Zusammenhänge und den Sinn des Lebens und der Welt zu verstehen, und dass mein Verstand hervorragend arbeitet. Unter dem Ende vom Leid stellte ich mir vor, dass es dann im Leben keine Schwierigkeiten und keine unangenehmen Gefühle mehr gibt, man sich immer ekstatisch glücklich fühlt und genau weiß, was zu tun ist. Es war der Kindheitstraum vom Paradies.

Seitdem ich erwacht bin, fehlen mir die treffenden Worte. Nicht weil sie mir nicht einfallen, sondern weil es keine treffenden Worte dafür gibt. Jede Beschreibung des Seins, der Erleuchtung ist unzutreffend bis falsch. Worte gehören zu unserer Welt, zur Welt der Form, zum irdischen Leben, zum Verstand und zum Denken. Worte grenzen ab, zeichnen ein Bild, erzeugen eine Vorstellung. Doch Erleuchtung ist eine andere Ebene jenseits der Welt der Formen, jenseits unserer Vorstellung, jenseits dessen, was der Verstand erfassen kann. Und auch der Ausdruck *jenseits* ist falsch, denn er impliziert ein *hier* und ein *dort,* zwei getrennte Orte. Doch es gibt nur eins, ein Bewusstsein, ein Sein und das beinhaltet alles (siehe Abbildung S. 13). Der Verstand kann dieses Paradox nicht begreifen. Selbst die Worte Leere, Nichts, die dem Sein vielleicht am nächsten kommen, stimmen nicht.

„Die Wahrheit, die gesagt werden kann, ist nicht die absolute Wahrheit", schrieb Lao Tse. Es scheint leichter zu beschreiben, was Erleuchtung nicht ist. Aus diesem Grund nutzen manche auch die Worte *das Unaussprechliche, das Unerklärliche.*

Die Beschreibung des einen Seins wird beeinflusst von der eigenen Vergangenheit, dem kulturellen Kontext, der Fähigkeit mit Worten umzugehen und davon, wie tiefgreifend die Erfahrung ist. Ebenso von der religiösen oder spirituellen Prägung. Das ist auch der Grund, weshalb Erleuchtung im christlichen Kontext Gotteserfahrung und im Taoismus große Leere genannt wird.

Als ich nach dem Erwachen versuchte, das Erlebte zu beschreiben, benutzte ich die gleichen Worte, die ich vorher gehört und gelesen hatte und erkannte, man kann es nicht anders ausdrücken. Man weiß erst, wenn man erwacht oder erleuchtet ist, was Erleuchtung und Erwachen ist. So wie man erst weiß, wie die Welt unter Wasser ist, wenn man schnorchelt oder taucht. Eine Vorstellung aufgrund eines Unterwasserbildes entspricht nicht dem, was man tatsächlich erlebt. Nach dem Erwachen las ich die

Erklärungen der Erwachten noch einmal und sie waren glasklar, beschrieben mit treffenden Worten, was auch ich wahrnahm.

Worte können Erleuchtung und das eine Sein nicht wirklich beschreiben. Sie sind allenfalls eine Annäherung. Doch Worte können Türöffner sein, können etwas in uns wecken, das die Tür zur Erkenntnis frei gibt. Sie können in uns Resonanz erzeugen, so dass wir uns an die Wahrheit erinnern. Die Wahrheit ist in jedem Menschen, auch wenn die dicken Wolken der Vorstellungen, Gedanken und Gefühle den Himmel des Wissens verdecken. Deshalb versuche ich doch, es in Worte zu fassen, selbst wenn ich weiß, dass es nicht trifft und vielleicht beim Leser wieder neue Vorstellungen erzeugt werden, die nicht stimmen. Daher noch einmal: Lassen Sie aus dem Gesagten keine neuen Vorstellungen von „so ist es" werden. Lesen Sie, erleben Sie, was in Ihnen durch die Worte passiert, und seien Sie offen für das, was in Ihnen bewusst wird. Lassen Sie die Worte wirken und öffnen Sie sich für ein Erkennen der Wirklichkeit jenseits der Worte und des Verstandes.

Vor der Erklärung noch ein kurzer Hinweis: nach dem Erwachen erkannte ich, dass es einen Unterschied zwischen Erleuchtung und Erwachen gibt. Das werde ich später noch genauer erläutern. Jetzt erst einmal zu Erleuchtung und Erleuchtungserlebnissen.

In Momenten, in denen *ich* Erleuchtung erlebe, gibt es kein *ich* mehr. Das *ich* ist verschwunden, es gibt nichts mehr, nur Leere, Sein, Stille, Frieden – und diese Worte treffen es nur annähernd. Die Dualität nehme ich nicht mehr wahr, es gibt keine Zeit mehr, keine Gefühle, nichts ist mehr wirklich, und mein Körper atmet weiter ein und aus. *Alles ist* und *es existiert nichts.* Es ist ewig, unendlich, alles was je war und sein wird, jetzt und immer.

6 – WAS IST ERLEUCHTUNG?

In letzter Zeit habe ich mit vielen Menschen gesprochen, die Erleuchtungserlebnisse haben. Es scheint „normaler" zu werden, als es früher war. Vielleicht weil so viele Menschen auf das Erkennen der Wahrheit ausgerichtet sind, vielleicht weil es noch nie so viele erwachte und erleuchtete Menschen auf der Erde gegeben hat wie heute, oder vielleicht gibt es keine Ursache dafür. Alles nur wieder Spekulationen des Verstandes, der versucht eine Ursache zu finden und damit vom Eigentlichen ablenkt. Es ist nicht wichtig, wieso das so ist. Wichtig ist, dass es geschieht und dass alle das Gleiche erleben: Plötzlich sind sie in einem Zustand von Frieden, Glückseligkeit, Freiheit. Es fühlt sich wundervoll an, alles ist selbstverständlich, klar, weit. Nichts kann einen erschüttern oder in irgendeine Gefühlswallung bringen. Es ist so schön, dass man immer in diesem Zustand bleiben möchte. Doch das merkt man erst nachher, denn in diesem Zustand gibt es auch keinen Wunsch mehr. Alles ist in Ordnung. Und genau so plötzlich, wie das Erleuchtungserlebnis gekommen ist, verschwindet es wieder. Der Verstand ist verblüfft und reagiert entweder ängstlich, macht sich Sorgen und fragt, ob man jetzt verrückt wird oder krank ist. Oder er ist enttäuscht: „Ich will zurück. Ich will das wiederhaben. Was kann ich jetzt tun? Am besten meditieren." Und schon ist das Ego-Ich *(ich* und *will)* zurück, handelt und hat die ganze Energie und Aufmerksamkeit wieder auf sich gezogen. *Ich will, ich mache, ich schaffe es* – mit allen möglichen und unmöglichen Methoden versucht das Ego-Ich wieder in diesen wundervollen Zustand zurückzukommen. Doch es gelingt nicht, egal wie sehr man sich bemüht. Ja, gerade weil *ich mich bemühe,* klappt es nicht. Doch auch wenn *ich* mich *nicht* bemühe, schaffe ich es nicht. Ich kann tun, was ich will, ich komme nicht mehr in diesen Zustand hinein. Ego-Ich kann es nicht schaffen. Es geschieht. Es kommt und geht und Ego-Ich hat keinen Einfluss darauf. Irgendwann, wenn ich nicht daran denke und es nicht erwarte, passiert es wieder. Manchmal auch, wenn ich daran denke und es erwarte.

Nach einem Erleuchtungserlebnis meditierte ein Bekannter tagelang verbissen, um wieder in diesen Zustand zu kommen. Er verscheuchte in der Meditation jeden Gedanken, um in den wundervollen Raum der Stille zu gelangen. Ohne Erfolg. Als er dann eines Abends seine Schwester zum Auto begleitete, stellte sich der Zustand während des Gesprächs plötzlich wieder ein. Ganz beseelt ging er ins Haus und wollte seiner Freundin davon berichten. In dem Moment verschwand der Zustand wieder. Er ärgerte sich und damit war seine Aufmerksamkeit wieder beim Ego-Ich, beim Ärger und dem *ich will* es wieder haben.

Erleuchtungserlebnisse kommen und gehen. Das erlebe ich auch nach dem Erwachen. Ich vermute, dass vollkommen Erleuchtete ständig in diesem Erleuchtungszustand sind. Doch ich weiß es nicht, ich bin nicht erleuchtet, sondern erwacht.

Einige Menschen erzählten mir, dass sie den egolosen Zustand der Stille aus ihrer Kindheit kennen. Andere haben ihn nie verloren. Diese Menschen beschreiben, dass sie als Kind stundenlang einfach still dasitzen konnten und nichts taten. Es gab keine Gedanken, keine Gefühle, nichts. Sie waren im Sein, in der Stille, im Nichts. Der Körper hatte keine Bedeutung. Es gab kein *ich*. Oft tauchte die Frage auf „Was soll das mit dem Körper?" Die Reaktion der Eltern und Lehrer war: „Träum nicht. So wird nichts aus dir." Die Menschen in ihrer Umgebung konnten nicht verstehen, was mit ihnen war, da sie diesen Zustand des ich-losen Seins nicht kannten. Und bei den Kindern wurde das Gefühl immer stärker, dass mit ihnen etwas nicht stimme.

Ständig wurden sie gefragt und fragten sich dann auch selbst: „Wer bin ich? Wie bin ich? Was mache ich? Was will ich?" Die Umgebung forderte eine Ich-Definition, doch es gab bei diesen Menschen kein Ich. Niemand war da. So gab es auch keinen Antrieb, etwas zu tun. Wozu sollten sie etwas tun oder wollen? Alles war in Ordnung. Sie waren ausgeglichen, glücklich und still. Und litten auf der körperlichen Ebene dennoch unter dem Gefühl, dass mit ihnen etwas nicht in Ordnung sei, dass sie nicht normal seien. Sie begannen ein *Ich* zu konstruieren. Doch auch die Konstruktion eines *Ich*s erschien ihnen merkwürdig. Es fühlte sich nicht richtig an, denn da war nichts. Doch die Umgebung forderte, dass jemand da sein sollte. Das konstruierte Ich brach oft wieder zusammen, was neue Verzweiflung hervorrief.

Nach dem Erwachen und der Erleuchtung sind noch Ego-Ich-Anteile vorhanden. Das erlebte ich bei mir und hörte es auch von anderen. Und über diese Anteile kann sich das Ego-Ich immer wieder ausbreiten. Manche Meister nutzen das Bild von keimfähigen unbehandelten Samen, die verborgen in der Erde schlummern, jedoch anfangen zu wachsen, wenn die äußeren Bedingungen stimmen. Wenn ein Erleuchteter in Ruhe und Stille im Ashram oder einer Höhle sitzt, versorgt wird und sich nicht mit der Welt auseinandersetzen muss, kann er leicht im reinen Gewahrsam bleiben und seine ganze Aufmerksamkeit aufs Sein konzentrieren. Wird er jedoch wieder mit der Welt konfrontiert, mit Schwierigkeiten, Bewunderung, Macht, Geld, ihn anhimmelnden Schülern, oder muss er für seinen Lebensunterhalt selbst sorgen, bekommen die verborgenen Samen Wasser und Nahrung und beginnen zu wachsen. Das Ego-Ich ist wieder da. Um diese keimfähigen unbehandelten Ego-Samen zu sterilisieren, um die wachsende Ego-Pflanze wieder zu entfernen, braucht es Aufmerksamkeit, Bewusstheit, sich Beobachten, Achtsamkeit und sich immer wieder Ausrichten auf vollkommenes Erwachen, auf vollkommene Erleuchtung, auf das Sein. Dann löscht die Kraft des Seins diese Anteile.

Ist man sich dieser Samen nicht bewusst, treiben sie aus und tragen Früchte. Das Ego-Ich hat sich wieder breit gemacht, ist jedoch für den Erwachten nicht sichtbar, weil er glaubt, seine Wünsche, Vorstellungen und Handlungen kämen direkt aus dem einen Sein, seien direkter Ausdruck der Leere. Man verwechselt die Ebenen. In Stephen Wolinskys Buch „Der Weg des Menschlichen" las ich ein sehr anschauliches Beispiel: Ein tibetischer Guru bestimmte einen an Aids erkrankten Schüler zu seinem Nachfolger. Dadurch breitete sich Aids unter der gesamten Schülerschaft aus. Als man ihn danach fragte, antwortete er: „Ich dachte, ich sei der Dorje (der erleuchtete Halter der spirituellen Linie) und könne deshalb Aids gar nicht weitergeben." Dieser Mann verwechselte die Ebene des Seins, die Ebene jenseits der Form, mit der Ebene des Körpers und der Welt. In der Ebene der Materie wirken auch nach der Erleuchtung die gleichen Gesetzmäßigkeiten und Ursache-Wirkungs-Prinzipien wie vorher. Auch in einigen Büchern von in der heutigen Zeit Erwachten fiel mir diese Verwechslung der Ebenen auf. Für mich wird es immer wichtiger, die Ebenen klar zu unterscheiden. Es macht mein irdisches Leben leichter. Wenn ein Erwachter oder Erleuchteter eine Aussage zum irdischen Leben macht, zur Lebensführung und -gestaltung, zu Geld oder Sexualität, dann ist diese Aussage gefärbt von seiner Persönlichkeit, seiner Moralvorstellung, seiner Geschichte. Das gilt auch für mich und meine Aussagen in diesem Buch. Diese Aussagen müssen deshalb nicht falsch sein. Doch ich finde es wichtig, dass der Leser oder

Hörer sich dessen bewusst ist und für sich entscheidet, ob er das, was der Erwachte zur Welt der Formen und zum irdischen Leben sagt, übernehmen will.

Jede Vorstellung, wie es nach der Erleuchtung sein wird, ist Ego-Ich-Ebene, ebenso jedes Erleuchtungserlebnis, das man als Maßstab oder Muster wählt. Jede Erwartung, wie es beim und nach dem Erwachen sein wird, findet im Verstandeskino von Vergangenheit und Zukunft statt. Man kann nicht wissen, was sein wird. Man kann *Ja* sagen, wenn man den Wunsch oder den Impuls zu erwachen in sich spürt und seine Vorstellungen und Erwartungen beobachten, loslassen und sich immer wieder ausrichten.

Der Unterschied zwischen Erleuchtung und Erwachen

Viele Jahre las, hörte und dachte ich, Erleuchtung und Erwachen sei das Gleiche. Die beiden Worte werden auch oft synonym verwendet. Erst kurz vor dem Erwachen hörte ich in einem Satsang, dass es einen Unterschied gibt. Und ich erlebte es beim Erwachen und auch jetzt noch. Ich bin erwacht – auch diese Aussage ist wieder nicht wahr, denn ich weiß, es gibt das *ich* nicht, dennoch kann ich es nicht anders ausdrücken, also bleibe ich bei dieser Aussage. Ich bin erwacht und habe Erleuchtungs-erlebnisse, bin aber noch nicht vollkommen erleuchtet. Oder trifft eher Vollzeit-erleuchtet?

Wie ich den Unterschied erlebe: Wenn ich in Erleuchtungs-zuständen bin, gibt es kein *Ich* mehr. Ich bin nicht mehr dieser Körper, ich bin Sein, Alles, Nichts. Im Sein existiert der Körper namens Petra, aber es ist nur eine Form in der Welt der Formen, in der Welt der Erscheinungen. Manche Erleuchtete reden von sich in der dritten Person: Dieser Körper hat Hunger, dieser Körper ist wütend, was verdeutlicht, dass sie sich als das eine Sein fühlen und nicht als dieser Körper.

Als das Erwachen passierte, erkannte ich die Wahrheit. Ich weiß, dass es nur ein Sein, ein Bewusstsein gibt und dass ich dieses eine Bewusstsein bin. Ich weiß, dass das Ego-Ich, der Körper, diese Welt eine Illusion, eine Erscheinung im Sein ist. Und doch fühle *ich* mich im Körper. Das Ich-Gefühl sitzt wie vorher im Körper, obwohl ich weiß, dass es nur ein Sein gibt und dass das Ich-Gefühl im Körper nur ein Konstrukt ist, eine Illusion. Dieses Wissen ist kein Verstandeswissen, es ist ein Wissen auf einer anderen Ebene der Wahrnehmung, jenseits der Worte, jenseits der Gefühle, jenseits von Zweifel. Jenseits von Zweifel heißt nicht, dass es keine Zweifel mehr gibt. Jenseits von Zweifel heißt, der Verstand, das Ego-Ich zweifeln immer noch, sie können es immer noch nicht verstehen *und* gleichzeitig weiß *ich* zweifelsfrei und unumstößlich, was die Wahrheit ist.

Kurz gefasst könnte man sagen:

Erleuchtung – ich *bin* das Sein und fühle mich als Sein.

Erwachen – ich *weiß*, dass ich das Sein bin, fühle mich aber als dieser Körper.

Wenn Sie das jetzt nicht verstanden haben, machen Sie sich nichts draus. Vermutlich hat Ihr Verstand versucht, es zu verstehen und durch die unterschiedlichen Ebenen ist er nun völlig verwirrt. Entweder zweifelt er dann an sich selbst (ich bin zu dumm, um das zu verstehen) oder zweifelt an mir (die spinnt doch, das ist doch nicht normal). Das war zumindest früher die Reaktion meines Verstandes. Verstehen passiert auf einer anderen Ebene, jenseits des Verstandes. Es ist wie ein tiefes Wissen, das man nicht begründen kann. Wie gesagt, ich konnte es erst verstehen, als ich erwacht war. Vorher war es unmöglich.

Außerdem ist es nicht wichtig, es zu verstehen. Es passiert, auch ohne dass der Verstand es versteht.

Erleuchtung und Erwachen sind für mich wie zwei Eingänge ins gleiche Haus. Manche Menschen erwachen, andere werden erleuchtet. Und beide sind anschließend in der einen Wahrheit.

Irreführende Aussagen

Von den vielen Aussagen zu Erleuchtung führen einige besonders stark in eine irreführende Vorstellung. Deshalb möchte ich sie hier aufführen:

„Wir sind alle eins" – es gibt kein *wir,* da es in Wahrheit nur eins gibt, ein Bewusstsein und dieses eine Bewusstsein erscheint in vielen unterschiedlichen Formen. Der Ausdruck *wir* impliziert, dass es viele einzelne gibt, die alle zusammengehören, was die Vorstellung von vielen getrennten Individuen verstärkt. Es ist so, als würde ich sagen: „Der Ozean besteht aus Tropfen" und damit das Bild von unzähligen Tropfen erzeuge, das nicht stimmt, statt: „Der Ozean besteht aus Wasser."

„Ich bin nicht dieser Körper" erzeugt die Vorstellung, dass *ich* und *dieser Körper* zwei verschiedene Dinge wären, getrennt voneinander. Diese Aussage führt zur Vorstellung, das wahre Wesen befände sich nicht in diesem Körper, sondern außerhalb. Oder das wahre Sein ist wie ein kleiner Kern im Körper, aber der Rest des Körpers ist nicht wahres Sein. Doch im Sein, im einen Bewusstsein, ist auch dieser Körper enthalten. Richtiger wäre die Aussage „Ich bin *nicht nur* dieser Körper" oder „Ich bin *auch* dieser Körper".

Warum ich diese Aussage auch anspreche: Oft habe ich erlebt, dass die Vorstellung „Ich bin nicht dieser Körper" dazu führt, diesen Körper abzulehnen. Wenn ich nicht dieser Körper bin, was kümmert mich dann, wenn er krank ist, wenn er friert, wenn er Stress hat. Ich bin das ja nicht. Doch das ist nicht wahr. Bei einer Freundin trat nach ihrem Erwachen eine Autoimmunerkrankung auf und sie musste Medikamente nehmen. Da sie ihr wahres Wesen kannte und wusste, dass das Sein, das Ich-bin-Ich ewig ist, kämpfte sie mit der Frage, weshalb sie den Körper überhaupt erhalten solle. Ihr war klar, dass sich auf der Ebene des Seins nichts verändert, wenn sie stirbt, außer dass es ihren Körper nicht mehr gibt. Sie beobachtete jedoch auch, dass ihr Körper einen eigenen Lebenswillen besaß und sie die Medikamente nahm.

Für mich ist mein Körper das Auto, mit dem ich mich in der Welt bewege. Und da ich schicke Autos liebe, pflege ich diesen Körper und versuche ihn möglichst gesund, schön und funktionsfähig zu halten.

„Jeder ist bereits erleuchtet." Diese Aussage vermischt zwei Ebenen, die Ebene des Seins und die Ebene der irdischen Welt. Jeder Mensch ist dieses eine Sein, auch wenn er glaubt, es nicht zu sein oder nichts davon weiß. Das Sein, Erleuchtung ist die einzige Wahrheit. Das ist die Ebene des Seins. Der Ausdruck *jeder* bezieht sich auf die Ebene der irdischen Welt und bezeichnet wie *wir* viele einzelne Individuen, und die existieren nur in der Welt der Formen. Auf der Ebene der irdischen Welt bedeutet Erleuchtung das Erkennen oder Erleben dieses einen Seins. Und das erlebt nicht jeder.

Die Dunkle Nacht der Seele

Dem Begriff „dunkle Nacht der Seele" begegnete ich zum ersten Mal im Buch von Suzanne Segal „Kollision mit der Unendlichkeit". Noch nie zuvor hatte ich gehört, dass es vor dem Erwachen eine Phase von unangenehmen körperlichen und emotionalen Zuständen geben kann und dies wohl auch häufiger vorkommt. Bei Suzanne Segal hatte diese Phase mehrere Jahre angehalten, was wohl sehr ungewöhnlich ist.

Obwohl ich diesen Begriff kannte, als ich mich ganz bewusst aufs Erwachen ausrichtete, rechnete ich nicht damit, dass so etwas auch bei mir vorkommen würde. Schließlich hatte ich schon jahrelang intensiv an mir gearbeitet. Doch die Reaktion des Körper-Verstandes auf das Erwachen hat wohl wenig mit dem Arbeiten an sich zu tun. Der Körper scheint zu reagieren, bei jedem Menschen in seiner eigenen Weise und anscheinend häufig mit Angst- und Panikzuständen: Angst vor dem Sterben, Angst vorm Verrücktwerden, Angst vor dem Ruin. Die Auslöser für diese Angstgefühle sind individuell verschieden. Oft entstehen sie aus Gedanken und Vorstellungen, im Außen gibt es jedoch keinen wirklichen Grund. Bei manchen Menschen treten verstärkt Krankheiten und körperliche Beschwerden wie Schwindelgefühle, Rückenschmerzen und Herzprobleme auf, oft ohne dass eine körperliche Ursache vorliegt.

Auch bei mir war Unruhe, Sorge und Angst eine Reaktion. Oft erfüllten sie mich ohne äußeren Grund, und je näher ich dem Erwachen kam, desto stärker wurden sie. Das konnte ich aber erst im Nachhinein erkennen. Insbesondere die Angst, verrückt zu werden, durchzudrehen, nicht mehr lebensfähig zu sein und in eine geschlossene Anstalt eingeliefert zu werden, hatte Kraft.

Der Verstand kam immer wieder mit der Frage: „Und wenn du jetzt verrückt wirst? Ist dieser Preis fürs Erwachen nicht zu hoch? Wie willst du weiter leben, wenn du jetzt durchdrehst? Hör doch einfach auf mit dem Wunsch zu erwachen, dein Leben ist doch klasse, geh einfach in die Firma zurück und lebe normal weiter."

Da ich mich beobachtete, den Begriff „dunkle Nacht der Seele" kannte, von meinen Meistern immer wieder hörte, dass alles in Ordnung sei und ich die Reaktionen des Körpers akzeptierte, gelang es mir relativ gut, damit umzugehen. Allerdings waren die Gefühle durch das Akzeptieren nicht weniger intensiv. Sie hörten dadurch auch nicht auf. Sie fühlten sich immer noch schrecklich an, aber es war, wie es war. Auch dass ich wollte, dass es aufhört und es unerträglich fand, konnte ich akzeptieren.

Braucht man einen Meister?

Manche Meister sagen, dass man ohne Meister nicht erwachen kann. Und obwohl es zahlreiche Menschen gibt, bei denen es auch ohne Meister geschah – Osho, Byron Katie, Suzanne Segal und Eckhart Tolle zum Beispiel – zweifelte mein Verstand immer wieder, ob es für mich möglich sei. Ich hatte zwar Meister, doch sie waren nicht körperlich. Es waren geistige Wesenheiten, die mich begleiteten und führten. Mein Verstand glaubte nicht, dass ich es nur durch die Begleitung der geistigen Wesen schaffe könne, was natürlich wieder eine Vorstellung des Ego-Ichs war, das damit Kraft und Einfluss gewann. „Du bist noch nicht erwacht, also funktioniert es nicht ohne lebenden Meister", war sein schlagkräftigstes Argument.

Erst nach dem Erwachen erkannte ich, was ein körperlicher Meister bewirkt. Er ist eine Verstärkung der Wahrheit, des einen

Seins. Energetisch gesehen strahlt ein kraftvoller Meister die Schwingung des Seins in einer solchen Stärke aus, dass andere Menschen allein durch seine Gegenwart in Resonanz mit dem einen Sein gehen und sich erinnern. Das Ego-Ich wird stiller und lässt die Kontrolle los. Die Wahrheit bricht durch.

Der Erleuchtete Ramana Maharshi sagte, die schweigende Belehrung, also das Zusammensein ohne Worte, ohne Fragen zu stellen, einfach nur still mit dem Meister zusammen sein, sei die kraftvollste Belehrung. Doch er wusste auch, dass dies nicht für jeden Menschen der geeignete Weg ist. Bei manchen Menschen ist der Verstand so laut, sind die Fragen so drängend, dass er sich erst öffnet, wenn er Worte hört.

In den Zusammenkünften mit erleuchteten oder erwachten Lehrern, den Satsangs, in denen gesprochen wird, wirkt einerseits die Energie und andererseits entspannt sich der Verstand, weil er Fragen beantwortet bekommt oder von jemandem, dem er vertraut, hört, was zu tun ist. Wenn der Verstand beschäftigt oder beruhigt ist, macht er den Weg frei und die Energie des Seins kann stärker wirken. Zusätzlich verstärkt die Wahl eines Meisters die bewusste Ausrichtung aufs Erwachen, auf das Erkennen der Wahrheit. Jedes Zusammensein mit dem Meister erinnert mich, dass ich erwachen will. Wenn ich die Probleme im Leben lösen möchte, ist es oft sinnvoller, einen Therapeuten statt eines erleuchteten Meisters zu wählen, denn der Therapeut ist ausgerichtet auf die irdische Ebene, der Meister auf die Ebene des einen Seins.

Meister, gleichgültig ob physische oder geistige Meister, beruhigen auch den Aufruhr des Verstandes. Wie oft hat mein Verstand rotiert, hat gefragt, ob die seltsamen Zustände nicht Zeichen von Verrücktwerden sind, ob ich vielleicht alles falsch mache, ob ich nicht viel mehr meditieren oder lieber den eingeschlagenen Weg ganz aufgeben solle. Oder er reagierte mit Angst- und Panikattacken. Es war unglaublich beruhigend zu hören, dass alles in Ordnung sei, dass alle Symptome ganz normal wären. Für mich waren geistige Wesen als Meister ausreichend, weil ich gewohnt war, mit ihnen in Kontakt zu sein, und weil ich trainiert hatte, ihre Antworten von den Gedanken und Gefühlen meines Ego-Ichs zu unterschieden. Ramana Maharshi wählte den heiligen Berg Arunachala als Meister. Für jemanden, der keinen Kontakt zu geistigen Wesenheiten hat oder der inneren Stimme nicht vertraut, kann ein physischer Meister hilfreich sein. Doch nicht jeder Erwachte oder Erleuchtete kann andere Menschen zum Erkennen des Seins begleiten, nicht jeder hat eine „Lehrbegabung". Wenn man einen Meister wählt, ist es hilfreich, ihm zu vertrauen. Ich erkannte meine Meister daran, dass ich von einer unendlichen bedingungslosen Liebe erfüllt wurde und ein klares bedingungsloses inneres Ja spürte. Manche beschreiben es auch als „sich verlieben".

Wenn man dem Meister vertraut, öffnet man sich für die Energie des Seins und sie kann stärker wirken. Zweifelt man an den Worten oder der Kraft des Meisters, richtet der Körper-Verstand seine Aufmerksamkeit wieder auf die Zweifel und damit auf die Welt der Formen statt auf das Sein. Ein Einklang mit dem einen Sein wird dadurch schwieriger. Vertrauen meint nicht blindes Vertrauen, meint nicht, dem Meister ohne gesunden Menschenverstand zu folgen und alles zu tun, was er sagt. Denn auch wenn ein Meister kraftvoll auf das Sein hinweisen kann, weiß er dennoch nicht unbedingt, was für mich in der irdischen Welt richtig ist. Das sind unterschiedliche Ebenen, so als würde man mit dem Finger in den Himmel zeigen (hinweisen aufs Sein) oder auf irdische Gegenstände (Meinungen zur Welt der Form). Jede Aussage des Meisters, die sich auf das Handeln in dieser Welt bezieht, ist die Ebene der Formen und meistens verbunden mit seinem persönlichen Kontext (Erziehung, Kultur, spirituelle Ausrichtung, persönliche Vorstellungen und Neigungen).

Es geht auch ohne Meister, das erkannte ich nach dem Erwachen, denn letztlich ist alles das eine Sein, das eine Bewusstsein. Gleichgültig ob dieses eine Sein direkt oder in Form einer geistigen Wesenheit oder in Form eines lebenden Menschen wirkt, es ist immer das gleiche eine Sein, das wirkt. Für mich als Person stellt sich daher nur die Frage, mit welcher Form des Seins ich mich jetzt am wohlsten fühle. Und auch das kann sich wieder ändern.

Ego-Ich – Fluch oder Segen?

„Das größte Hindernis auf dem Weg zur Erleuchtung ist der Verstand. Das Ego muss sterben, bevor Erleuchtung geschieht, und das will es nicht. Also wehrt es sich und kämpft. Das Ego steht der Erleuchtung im Weg." Kennen Sie solche Aussagen? Ich habe sie zur Genüge gelesen und geglaubt. Heute sind sie für mich ein neues Hindernis auf dem Weg, vielleicht sogar das schwierigste. Was passiert, wenn ich das Ego oder den Verstand zum Schuldigen mache, zu dem, der meine Erleuchtung, meinen wahren Zustand verhindert oder sogar verhindern will? Ich habe einen Feind geschaffen und dieser Feind sitzt in mir. Ich kämpfe mit mir selbst. Statt meine Aufmerksamkeit auf das Sein, auf mein wahres Wesen zu richten, richte ich sie auf diesen Kampf, denn schließlich ist die Vernichtung dieses Feindes ja die Voraussetzung für Erleuchtung. Und alles, was mir auf dem Weg begegnet und mir hinderlich erscheint, die Panikattacken, die Gedanken, die unerwünschten Verhaltensmuster oder Blockaden, die inneren Zwiegespräche, der Gefühlssumpf, an allem ist das Ego schuld.

Erleuchtung ist keine Folge von Handlungen, weder von Meditation noch davon, dass der Verstand still ist. Erleuchtung tritt nicht dadurch ein, dass ich etwas leiste, etwas schaffe oder erreiche. Sie ist auch nicht die Belohnung für Anstrengung oder Disziplin. Erleuchtung passiert, wenn ich mich darauf ausrichte und sie mir geschenkt wird. Alle Übungen, alle Techniken, alle Energien unterstützen den Körper, so dass es mir leichter fällt, meine wahre Natur zu erkennen und mit dem Sein in Einklang zu kommen. Die Dissonanzen der Ego-Identifizierung werden durch die Techniken gelöst, so dass die Resonanz mit unserem wahren Wesen leichter geschehen kann. Doch auch wenn ich die Dissonanzen nicht auflöse, wenn mein Ego-Ich sich gegen die Erleuchtung sträubt, kann Erleuchtung geschehen. Meiner Erfahrung nach reicht es aus, wenn ich, wenn ein Teil meines Wesens sich auf Erleuchtung ausrichtet und erwachen will, gleichgültig wie viele Widerstände im Weg stehen. Wenn dieser Teil ausgerichtet ist, wenn die Sehnsucht nach Erwachen da ist, wenn der Wunsch und die Bereitschaft da ist, dann ist die Kraft des Seins stark genug, um alle Dissonanzen hinwegzufegen. Der Gong des Seins ist stark genug, um auch den verstimmtesten Ego-Gong in Einklang zu versetzen.

Und Erwachen und Erleuchtung kann sogar passieren, wenn ich noch nicht einmal weiß, was das ist und dass es existiert. Selbst dann kann es durchbrechen.

Für mich war es eine der größten Befreiungen auf dem Weg, als der Satz auftauchte: „Wenn das Leben will, dass ich erleuchtet werde, wird das Leben es schon schaffen, egal wie dumm ich mich anstelle." Alle Anspannung fiel von mir ab. Nur wenn die Zweifel wieder zu laut wurden, geriet ich erneut in Anspannung.

Bei mir hat es nie einen Kampf mit dem Ego gegeben. Vielleicht weil ich weder im Verstand noch im Ego einen Feind sah. Sie sind Teil des Körpers. Das Ego-Ich ist ein Konstrukt, das sich während des Heranwachsens bildet. Es ist die Identifikation mit diesem Körper, mit dem Verstand und den Gefühlen, die Identifikation mit Vergangenheit, Erfahrungen, Glaubenssätzen, mit dem, was meine Eltern mir vermittelt haben, was ich von Lehrern hörte, von Menschen, denen ich Bedeutung gab. Es ist die Identifikation mit meiner Geschichte. Meine Geschichte, das bin ich. Dazu gehört genauso das positive wie das negative: „Das schaffst du nie. Du bist dumm. Du bist anders und gehörst nicht zu uns. Du siehst gut aus und kannst jedes Mädchen/jeden Mann um den Finger wickeln. Du kannst alles erreichen, was du willst." Aus solchen Sätzen und den Lebenserfahrungen, aus den inneren Moralvorstellungen und der Einstellung zum Leben baut sich unser Ego auf. Neugeborene haben noch kein Ego. Sie haben zwar eine Persönlichkeit, eine Individualität, doch die ist nicht mit dem Ich-Begriff verknüpft. Erst ab einem bestimmten Alter können sie mit dem Begriff *ich* etwas anfangen, beziehen diesen Begriff auf den eigenen Körper. So beginnt es. Wären wir nicht in unserer Familie aufgewachsen, sondern in einem Königshaus, hätten wir eine andere Prägung. Wären wir nicht in unserem Land aufgewachsen, sondern in einer völlig fremden Kultur, in einem tibetischen Kloster oder bei einem Eingeborenenstamm im Urwald, würden wir uns dann genauso fühlen oder verhalten? Vermutlich wären wir nicht die gleichen, die wir jetzt sind.

Das Ego-Ich macht uns in der Welt überlebensfähig. Genauso wie unser Verstand. Sie sind nützlich für das Alltagsleben. Sie dienen uns.

Erst wenn ich glaube, dieses Ego-Ich zu sein, wenn ich mich identifiziere mit dem Verstand und dem Ego, schneide ich mich ab von meinem wahren Wesen. „Ich denke, also bin ich" wie Descartes sagte. *Ich,* das ist in dem Fall dieser Verstand, dieses Denken und die Gefühle. Verstand und Gefühle rücken in den Mittelpunkt des Menschseins. Doch mein wahres Wesen ist größer als dieses begrenzte Ego, als mein begrenzter Verstand. Mein wahres Wesen umfasst Körper, Verstand, Ego und noch viel mehr.

Das Ego-Ich ist ein Konstrukt, ein Programm, das meinen Körper, meine Handlungen und mein Leben beeinflusst. Doch eigentlich existiert es nicht. Mir kam der Vergleich mit einer psychosomatischen Krankheit. Eigentlich ist der Körper gesund, aber die psychosomatische Krankheit erzeugt die gleichen Symptome wie eine körperliche Fehlfunktion. Und das kann sie nur, weil ich ihr die Macht dazu gegeben habe, indem ich glaube, sie sei real. In dem Moment, in dem erkannt und realisiert wird, dass diese psychosomatische Krankheit nicht wirklich existiert, ist der Weg frei für Heilung. Genau das Gleiche passiert mit dem Ego. In dem Moment, in dem ich erkenne, dass das Ego-Ich und mein Verstand die Aufgabe haben, dieses Leben zu managen, Funktionen auszuführen, die für den Alltag wichtig sind, und dass es nicht ihre Aufgabe ist, mein wahres Wesen zu erkennen, das Sein zu erfahren, erleuchtet zu werden, in dem Moment ist die Tür frei. Es braucht keinen Kampf mehr. Das Ego-Ich und der Verstand haben ihre Aufgaben und mein Inneres kann sich auf das Erkennen dessen, was über diesen Körper hinausgeht, ausrichten.

Das hört sich einfach an. Ist es auch, wäre da nicht die Gewohnheit. Durch die Erkenntnis alleine verändern sich unser Verhalten, unsere Gedankengänge, unsere Gefühle nicht schlagartig. Meistens jedenfalls nicht. Wir sind es gewohnt, uns mit dem Ego zu identifizieren, in Vergangenheit und Zukunft zu hängen, in eingefahrenen Bahnen zu denken. Wenn wir beginnen, anders zu denken, fällt es uns erst einmal schwer. Genauso, wie wenn man mit seinem Fahrrad in einer ausgefahrenen Spur fährt und nun einen anderen Weg einschlagen will. Immer wieder erscheint das Alte, bis es endlich seine Kraft der Gewohnheit verloren hat, bis das Neue zur Gewohnheit wird.

Was es auch schwer macht, ist, dass unsere Umgebung über unsere Veränderung oft nicht erfreut ist. Auch sie läuft in den Bahnen der Gewohnheit. Und vor allem, sie wird mit der Veränderung konfrontiert, ohne selbst die Entscheidung getroffen zu haben.

Ego-Ich und Verstand dienen uns in dieser Welt, in der Welt der Formen. Sie sind Teil der Form. Erleuchtung und Erwachen sind das Erkennen des einen Seins. Und das passiert auf einer anderen Ebene als auf der Ebene von Körper, Ego und Verstand.

Was muss ich tun, um erleuchtet zu werden?

Meine Erfahrung ist: sich ausrichten und es wirklich wollen. Und manchmal noch nicht einmal das. Erleuchtung und Erwachen ist ein Geschenk. Es wird auch Gnade genannt.

Alle Übungen und Techniken wie Meditation, Mantras, Rituale, Yoga und feinstoffliche Energien können die Ausrichtung verstärken und den Körper unterstützen. Resonanz kann dann leichter geschehen und vor allem, die Dissonanzen und Blockaden im Körper-Verstand lösen sich. Hilfreich ist es, die Technik oder Techniken zu wählen, die für Sie passen. Für Gerhard und mich waren die LichtWesen Essenzen und das Touch of Oneness ein göttliches Geschenk, das vieles leichter machte. Vor allem das Touch of Oneness förderte, in die Stille des Seins einzutauchen. Die Übungen und Techniken helfen auch nach dem Erwachen, die unbehandelten und ungelösten Ego-Samen zu erkennen und zu lösen.

Falls die von uns angewandten Techniken nicht zum Erwachen geführt hätten, so haben sie auf jeden Fall unser irdisches Leben erfüllter, glücklicher und leichter gemacht – und das ist ja auch nicht schlecht.

7.
Techniken und Übungen

Es gibt eine Vielzahl von Techniken, die uns unterstützen, mehr und mehr das zu leben, was uns erfüllt und glücklich macht, und unser wahres Wesen zu erkennen. Hier finden Sie die, die für mich am kraftvollsten gewirkt haben und gleichzeitig einfach sind. Denn das liebe ich: einfache, wirkungsvolle Methoden.

Im Anhang sind unter *Rückkehr ins Jetzt* sechs Fragen zusammengestellt, mit denen Sie bei unangenehmen Gefühlen oder wenn Sie im Gedankenkarussell und angstvollen Zukunftsfilmen festhängen, wieder in den gegenwärtigen Moment gelangen. Wie jede Technik wirkt sie kraftvoller und schneller, je häufiger man sie anwendet. Es ist daher sinnvoll und hilfreich, diese Fragen auf ein kleines Kärtchen zu übertragen und immer griffbereit zu haben, zum Beispiel in der Hosentasche, im Portemonnaie oder der Handtasche. Denn gerade in Stresssituationen oder wenn wir in unangenehmen Gefühlen und Gedanken gefangen sind, erinnern wir uns nicht mehr an die Fragen – haben dann aber den Zettel.

Sich Beobachten

Das *Sich Beobachten* war für mich eine der kraftvollsten Techniken. Man lauscht seinen Gedanken wie einer Stimme im Radio. Man betrachtet den Film im Kopf, wie man einen Fernsehfilm anschaut. Man tritt innerlich einen Schritt zurück und nimmt wahr, welche Gefühle erfüllen mich gerade und durch was wurden sie ausgelöst. Wenn man seine Verhaltensmuster kennt und bemerkt, fällt es leichter, die Gedanken und Gefühle loszulassen und anders zu reagieren. Diese Technik war für mich auch nach dem Erwachen noch hilfreich, da einige Muster des Verstandes und des Ego-Ichs weiterliefen.

Zwei Beispiele: Vor einiger Zeit besuchte ich eine Freundin, die mir erzählte, dass sie jeden Morgen um fünf Uhr aufsteht, um zu meditieren. Abends bemerkte ich, dass ich, bis jetzt unbemerkt, mit einem unangenehmen Gefühl herauszufinden versuchte, ob das wirklich stimmt. Mein Verstand brachte Argumente dafür und dagegen. Als mir das bewusst wurde, fragte ich mich erstaunt, weshalb mich das interessierte. Erst da erkannte ich, dass ich mich dafür schämte, dass ich nicht um fünf Uhr zum Meditieren aufstand, sondern gemütlich bis sieben Uhr schlief und auch dann nicht meditierte. Etwas in mir fürchtete, dafür verurteilt zu werden und fühlte sich schlecht. Nach diesem Erkennen löste sich die innere Anspannung und ich schlief genüsslich bis sieben. Nun war mir gleichgültig, ob sie schon um fünf meditiert hatte.

Als ich das letzte Mal meine Eltern besuchte, fragte meine Mutter, ob ich nicht meine Schwester anrufen wolle. Da ich aber keine Lust dazu hatte, rief ich nicht an. Nach einer Weile fiel mir auf, dass meine Gedanken ständig um diese Frage und

7 – TECHNIKEN UND ÜBUNGEN

den Anruf kreisen und ich mich schlecht fühlte. Als ich genauer hinschaute, entdeckte ich Schuldgefühle, entstanden aus dem Gedanken, dass meine Schwester sich vernachlässigt fühlt oder traurig ist, wenn sie hört, dass ich mich nicht gemeldet habe. Nachdem ich erkannt hatte, dass ich mich schuldig fühlte, konnte ich darüber schmunzeln und mich entscheiden, welchen Preis ich nun zahlte: entweder meine Schwester anrufen, obwohl ich keine Lust hatte, oder weiter Schuldgefühle haben. Nun hatte ich die freie Wahl.

Es ist faszinierend, was ich über mich entdeckt habe, seit ich genauer hinschaue. Ich dachte immer, ich kenne mich. Dieser Körper ist mein Körper, ich lebe mit ihm und meinen Verhaltensmustern seit meiner Geburt. Er ist mir so vertraut, dass ich früher nie über mich nachdachte. Meine Gefühle waren da und erschienen mir normal. Dass die inneren Dialoge des Gedankenkarussells mich schüttelten, war ich gewohnt. Mit der Therapie und den Selbsterfahrungsgruppen begann ich zu fragen, woher dieses Verhalten kam, weshalb ich diese Gefühle hatte. Ich suchte nach Ursachen und versuchte, mich zu verändern. Aber welche Verhaltensweisen und Vorstellungen dieser Körper namens Petra tatsächlich beinhaltet, das erkannte ich erst, als ich mich beobachtete. Sich zu beobachten ist wie ein Forschungsprojekt. Eine innere Entdeckungsreise, um herauszufinden, wie dieser Körper-Verstand überhaupt funktioniert. Erst dadurch fiel mir zum Beispiel auf, dass es in meinem Verstand ständig Gedanken gab, manche so absurd, dass ich mich wunderte.

Zuerst war es schwierig, die Flut der Gedanken und Gefühle wahrzunehmen. Ich quälte mich durch einen dicken zähen Nebel, in dem es mir schwer fiel, etwas genau zu erkennen. Doch mit der Zeit wurde der Nebel lichter. Die Sonne des Bewusst-

7 – TECHNIKEN UND ÜBUNGEN

seins löste ihn auf. Immer schneller erfasste ich die Auslöser für Gefühle und Gedanken und konnte sehen, was ich wirklich wollte. Dabei war es wichtig, mich nicht zu verurteilen für das, was ablief. Wenn die Einnahmen zurückgegangen waren und der Katastrophenfilm des Bankrotts lief, war meine ursprüngliche Reaktion: „Wie kann man nur so dumm sein, sich über ungelegte Eier Sorgen zu machen. Es ist doch völlig falsch, sich das immer wieder auszumalen", oder gar: „Pass auf mit dem, was du dir vorstellst, Gedanken erschaffen die Wirklichkeit." Es schien, als sei das Erkennen beim nächsten Mal schwieriger. Wie beim Kind, dem man sagt, es soll die Wahrheit sagen, und wenn es die Wahrheit sagt, wird es bestraft. Beim nächsten Mal überlegt das Kind, ob es ehrlich sein soll. Über meine Entdeckungen und auch über die verurteilenden Gedanken zu schmunzeln, war für mich viel hilfreicher. Wertende Gedanken sind genauso Gedanken wie die Gedanken an die Waschmaschine, den Einkaufzettel, wie zweifelnde und sorgenvolle Gedanken. Gedanken, die kommen und gehen und keine Wirkung haben, wenn ich mich nicht einfangen lasse und ihnen keine Bedeutung gebe.

Außer zu beobachten, zu erkennen, was darunter liegt und dann die Gedanken und Gefühle wieder loszulassen, braucht man nichts zu tun. Ich habe aufgehört, sie zu analysieren, will nicht mehr wissen, weshalb diese Gedanken und Gefühle gerade jetzt auftreten, warum das schon wieder hochkommt, obwohl ich es schon so oft bearbeitet habe, wieso ich mich darüber ärgere. Es ist, wie es ist. Ich beobachte, schaue tiefer, um zu verstehen, was abläuft, und dann richte ich meine Aufmerksamkeit wieder auf etwas anderes. Die Gedanken und Gefühle verschwinden manchmal sofort, manchmal nicht. Doch ich schenke ihnen keine Aufmerksamkeit mehr. So wie Katzen im Haus, die einfach im Haus herumlaufen und das Haus irgendwann verlassen, um die ich mich aber nicht mehr kümmere, nachdem ich sie wahrgenommen habe. Ich brauche sie nicht zu analysieren, sie nicht zu vertreiben oder zu beklagen. Irgendwann gehen sie von alleine. Wie sagte Ramana Maharshi: „Wenn man sein Haus putzt, analysiert man ja auch nicht den Schmutz."

Sich Ausrichten

Früher habe ich ständig an mir gearbeitet und mich geheilt. Ich besuchte zahlreiche Selbsterfahrungsgruppen, lernte unzählige Techniken und jedes Mal, wenn etwas gelöst oder geheilt war, kam eine neue Blockade hoch. Irgendwann begriff ich, dass ich auf diese Weise wohl nie fertig werde. Zumal immer neue Verletzungen und Traumen hinzukamen. Es war gut gewesen, zahlreiche Blockaden gelöst zu haben, dadurch ging es mir letztendlich besser. Doch irgendwann erreichte ich den Punkt, an dem ich keine Lust mehr hatte, ständig im Alten zu wühlen, und ich fragte die geistige Welt nach einer neuen Technik. Auch fürs Erwachen.

Es kam die Technik des *Sich Ausrichtens*. Da ich im Grunde ein fauler Mensch bin, gefiel sie mir sofort. Zwar zweifelte mein Verstand, ob das denn funktionieren könne und ob es so leicht gehen kann, doch ich probierte es aus. Es funktionierte, trotz Zweifel. Heute verwende ich diese Technik immer noch und es kommen auch heute manchmal noch Zweifel, ob das denn alles so richtig ist und ob ich auch wirklich genug getan habe. Doch heute weiß ich, dass es funktioniert, denn ich habe es selbst erlebt. Mehrmals.

Diese Technik ist so einfach, dass sie nicht viel Beschreibung braucht. Man richtet sich aus auf das, was man will, und bestärkt

7 – TECHNIKEN UND ÜBUNGEN

es innerlich. Dazu verwende ich gerne das Bild, dass ich mit einem Boot zu einer Insel unterwegs bin. Diese Insel ist mein Ziel, mein Wunsch. Man kann alles als Ziel, als Insel wählen, was man sich wünscht: eine erfüllte Partnerschaft, eine Lösung für ein Problem, Reichtum, Erfolg oder Erleuchtung. Ich richte mein Boot genau auf diese Insel aus und bekräftige innerlich, dass ich dort hin will. Für mich sind es die Sätze: *Ja, ich will ...,* und *Ja, ich bin bereit ... zu erhalten.* Manche Menschen haben mit diesen Sätzen Probleme. Für den einen ist das *Ich will* zu Ego-betont. Für den anderen hat *Ich bin bereit* keine Kraft. Finden Sie am besten den Satz, der für Sie stimmt. Manchmal reicht, sich die Insel, den Wunsch vorzustellen und einfach nur *JA* zu sagen.

Nachdem wir uns ausgerichtet haben, treibt uns die Strömung des Lebens vom Ziel weg. So wie die Strömung des Meeres das Boot von der Insel wegtreibt. Ich bin mit anderen Dingen oder Problemen beschäftigt und mein Wunsch gerät in Vergessenheit oder ist mir nicht mehr wichtig. Oder es kommen Zweifel: Darf ich das wünschen? Kann ich es haben? Habe ich es verdient? Ist der Wunsch nicht zu groß? Will ich es wirklich? Blockiere ich durch diesen Wunsch nicht vielleicht etwas, was besser ist? Dem Verstand fallen zahlreiche Ablenkungen ein. Und schon habe ich die Ausrichtung verloren.

In dem Moment, in dem mir das bewusst wird, richte ich mich wieder aus. Ich stelle mir vor, wie das Boot wieder direkt auf die Insel zufährt und bestätige wieder mit *Ja ich will ..., Ja, ich bin bereit, Ja.* Und das ist schon alles.

Falls es in mir Blockaden gibt, die dem Ziel im Weg stehen, werden sie sichtbar. So wie Felsen im Meer, die auf dem Weg liegen. Die auftretenden Hindernisse löse oder bearbeite ich mit meinen Techniken. Bei mir sind das: das Abgeben (siehe *Geis-*

tige Wesen, Seite 164, und das Buch „Engel begleiten uns"), die LichtWesen Essenzen und das Touch of Oneness. Die anderen Blockaden und Hindernisse interessieren mich nicht. Wenn sie mich nicht behindern, wieso sollte ich sie bearbeiten. Um die Felsen im Meer kümmere ich mich ja auch nicht, wenn sie mir nicht im Weg liegen. Falls sie mir im Weg sind, werden sie schon sichtbar werden und dann ist immer noch Zeit genug, mich ihnen zu widmen. Im Laufe meines Lebens habe ich erlebt, dass vieles sich von alleine löst, wenn man sich auf sein Ziel, das höchste Glück, auf Erfüllung oder Erwachen ausrichtet. Und was sich nicht von alleine löst, das bearbeite ich.

Wenn man auf dem Weg zur Insel feststellt, dass man doch nicht zu dieser Insel will, wählt man einfach ein neues Ziel. Genauso, als wäre man mit einem Boot unterwegs.

Ich habe bei der Zielformulierung auch immer noch hinzugefügt: „Wenn es gut für mich ist, wenn es im Einklang mit dem Ganzen ist und zum höchsten Besten für alle Beteiligten." Mein Ego-Ich hat Wünsche, die mein Leben nicht unbedingt angenehmer machen. Und auch die können wir ansteuern und erreichen, um dann festzustellen, dass wir das nicht wollen oder dass es Besseres gegeben hätte. Doch wir waren so fixiert auf den eigenen Wunsch, dass all die Angebote des Lebens übersehen wurden. Wie oft habe ich im Nachhinein festgestellt, dass es Glück war, dass das, was ich mir gewünscht habe, nicht eingetroffen ist. Mit diesem Zusatz gebe ich der höheren Weisheit Raum zu wirken.

Manche Menschen haben mich gefragt, ob man mehrere Inseln gleichzeitig ansteuern kann. Ich weiß es nicht. Vielleicht gibt es dazu auch keine generelle Antwort, vielleicht ist es für den einen möglich, für den anderen nicht. Am besten, Sie finden selbst heraus, was für Sie am kraftvollsten wirkt.

Ich bin schuld

Schuldgefühle bestimmten lange meine Entscheidungen und damit mein Leben. Sie führten dazu, dass ich meinen ersten Mann heiratete, obwohl ich mich in dem Moment lieber von ihm getrennt hätte. Da er weder zur Bundeswehr noch Ersatzdienst leisten wollte, fragte er mich, ob ich ihn heirate. Spontan sagte ich „Nein". Daraufhin litt er so, dass ich doch einwilligte, um meinen Schuldgefühlen zu entkommen. Schuldgefühle führten auch dazu, dass ich mehr arbeitete, als ich wollte. Ich fühlte mich schuldig, wenn die Mitarbeiter viel zu tun hatten, etwas Schweres heben mussten oder Gerhard erschöpft war. Daher nahm ich ihnen vieles ab und tat die Arbeit selbst. Schuldgefühle bewirkten, dass ich immer wieder meine Wünsche und Bedürfnisse zurückstellte. „Du hast gesagt, dass du mit auf die Messe kommst. Du kannst mich doch jetzt nicht hängen lassen." Und ich ging mit, obwohl ich dringend Ruhe brauchte.

Viele Menschen leiden unter Schuldgefühlen und der Vorwurf-Schuld-Mechanismus bewirkt oft, dass man etwas tut, was man eigentlich nicht tun will. Und es geschieht meistens unbewusst. Er: „Hier sieht es schrecklich unordentlich aus. So kann ich mich nicht wohl fühlen." Sie: „Ich habe den ganzen Tag gearbeitet. Wieso soll ich jetzt auch noch aufräumen, du hast die Unordnung genauso verursacht." Er: „Aber das meiste, was hier rumliegt, ist von dir." Sie: „Das stimmt nicht. Und wenn du unterwegs bist, ist es hier die ganze Zeit aufgeräumt." Er: „Das kannst du leicht behaupten. Ich kann es ja nicht kontrollieren, wenn ich nicht da bin." Eine Aussage wird als Angriff gewertet und der Partner verteidigt sich sofort, woraufhin der andere sich nun angegriffen fühlt. Das Schuldzuschiebe-Ping-Pong beginnt, eine häufige Ursache für Spannungen und Streit in der Partnerschaft, wie ich bemerkte. Schuldzuweisung, Rechtfertigung und Schuldzuweisung, Eskalation. Lange Zeit habe ich das Thema *mich schuldig fühlen* an einen Engel abgegeben und daran gearbeitet. Es löste vieles, doch ich wollte immer noch vermeiden, schuldig zu sein.

Der Durchbruch kam für mich mit der „Ich bin schuld"-Übung. Gerhard und ich besuchten eine Messe. Er hatte schon seit dem Aufstehen schlechte Laune – und ich fühlte mich mal wieder schuldig. Und natürlich ging einiges schief – vielleicht geht an anderen Tagen genauso viel schief, doch weil wir gut gelaunt sind, bemerken wir es nicht. An dem Tag fanden wir unseren Gewerbeschein für den Eintritt nicht, verfuhren uns, verliefen uns auf der Messe, hatten zu viel Gepäck mitgenommen und der Rucksack, den Gerhard trug, war zu schwer. Und ich war an allem schuld. Natürlich rechtfertigte und verteidigte ich mich, schließlich könne er ja auch den Hallenplan lesen und wenn ich nicht den Rucksack gepackt hätte, hätten wir jetzt nichts dabei. Doch jede Rechtfertigung und Verteidigung heizte das Schuldzuschiebe-Ping-Pong und die Missstimmung noch mehr an. Irgendwann hatte ich es satt und beschloss, ab jetzt an allem schuld zu sein. Die Rolltreppe funktionierte nicht und ich sagte: „Da bin ich schuld." Ich war schuld, dass Gerhards Lieblingseis ausverkauft war, als wir die Glasvasen nicht bekamen, die wir haben wollten, dass er über einen Teppich stolperte, als die Schlange am Parkautomat zwanzig Leute umfasste. Ich war an allem schuld. Der Effekt war verblüffend: Ich bin schuld, ja und? Als ich Schuld akzeptierte, war sie kein Problem mehr. Selbst als ich wirklich Fehler machte, war das kein Problem mehr. Ich hatte einen Fehler gemacht, ja und. Er war passiert, ich hatte es

7 – TECHNIKEN UND ÜBUNGEN

nicht absichtlich getan, und jetzt musste eine Lösung gefunden werden. Eine unglaubliche Befreiung.

Natürlich verschwanden die Schuldgefühle damit nicht sofort. Doch ich wiederholte diese Übung immer wieder, wenn mir die Schuldgefühle bewusst wurden. Am Anfang lief das Schuldprogramm meist unbemerkt ab, denn es war vertraut und eingefahrene Gewohnheit. Automatisch rechtfertigte ich mich bei Schuldzuweisungen, so dass ich das Spiel manchmal erst bemerkte, wenn Gerhard und ich wieder in einer hitzigen Diskussion waren, wer nun schuld war. Doch je öfter ich innehielt und mich fragte, was ich jetzt gerade fühlte, desto schneller bemerkte ich die Schuldgefühle und meine Reaktion. Und akzeptierte sie – oft sogar unabhängig davon, ob ich wirklich schuld war. Selbst wenn ich die Situation nicht verursacht hatte, es mir aber in die Schuhe geschoben wurde, selbst dann sagte ich: „Ich bin schuld, ja und?"

Schuldgefühle entstehen aus einer Vorstellung, aus der Vorstellung, was richtig und was falsch ist, aus der Vorstellung, dass man einen Fehler gemacht hat – also etwas falsch gemacht hat – und sich dann verurteilt. Natürlich gibt es Fehler, die gravierende Folgen haben und es ist ganz normal, sich dann schlecht zu fühlen. Doch Schuld ist nicht nur, einen Fehler begangen zu haben. Schuld ist verbunden mit Vorwürfen und Verurteilung. Es geht nicht nur um den Fehler, es geht um mehr: Das hätte ich sehen müssen, da hätte ich anders reagieren sollen, da hätte ich mehr aufpassen müssen. Diese Aussagen können sogar richtig sein, doch was passiert ist, ist passiert. Es ist vergangen, die Folge ist eingetreten. Statt sich für den Fehler der Vergangenheit zu verurteilen, ist es sinnvoller, daraus zu lernen und in zukünftigen Situationen anders zu handeln. Manchmal bleibt nur, den Fehler

sich und anderen einzugestehen, sich zu entschuldigen, mitzuteilen, dass es einem Leid tut und sich selbst zu verzeihen.

Die Schuldfrage führt in die Vergangenheit, denn sie sucht
den Verursacher eines Ereignisses. Doch an dem, was geschehen
ist, lässt sich nichts mehr ändern. Sinnvoller als zu fragen: Wer
ist schuld? ist die Frage: *Was ist jetzt zu tun?*

Mit der Zeit fiel es mir immer leichter, Fehler zuzugeben und
mich nicht dafür schuldig zu fühlen. Fehler passieren. Und wenn
sie passiert sind, müssen die Folgen gelöst werden. Als ich mich
nicht mehr schuldig fühlte, wirkte sich das auch entspannend
auf unsere Beziehung aus.

Keiner liebt mich

Während der „Keiner liebt mich"-Übung sollten Sie sich ganz
genau beobachten. Wurde Wut oder Trauer verdrängt, weil man
sich nicht geliebt fühlte, können sich Lawinen von Gefühlen
lösen und die sind manchmal nicht ohne Hilfe zu bewältigen.
Daher entscheiden Sie sich bewusst, ob Sie diese Übung machen wollen und beobachten Sie Ihre aufsteigenden Gefühle
ganz genau. Falls es zu intensiv wird, holen Sie sich Hilfe oder
unterbrechen Sie die Übung für eine Weile. Vor allem sollten Sie
sich selbst immer wieder in den Arm nehmen, sollten sich selbst
akzeptieren und lieben. Sagen Sie sich immer wieder, dass Sie
sich lieben, so wie Sie sind, mit allen Fehlern und Schwächen.
Selbst wenn Sie es nicht glauben, es wirkt. Oder lassen Sie sich
von einem Engel umarmen.

Die andere Gefahr dieser Übung ist, dass man als Ausgleich
für die vorangegangene Selbstverleugnung hartherzig reagiert
und dies nachher bereut. Auch deshalb ist ein genaues sich be-

obachten, Wachsamkeit und ein Überprüfen seiner Reaktion wichtig.

Die „Keiner liebt mich"-Übung durchzuführen ist einfach. Stellen Sie sich vor, dass der Mensch, der gerade vor Ihnen sitzt oder steht, Sie nicht mag. Am besten, Sie fangen mit Menschen an, mit denen Sie nicht eng verbunden sind und mit denen Sie keine Geschichte haben, die Verkäuferin, Ihre Nachbarn, die Lehrer Ihrer Kinder, Ihre Lehrer, Seminarleiter oder Seminarteilnehmer. Und irgendwann probieren Sie es auch aus bei geliebten Menschen, beim Partner, Ihren Kindern, Ihren Eltern. Gerade bei geliebten Menschen, mit denen uns eine Geschichte verbindet, können unangenehme Gefühle ausgelöst werden, Wut, Trauer, das Gefühl, nicht genug geliebt worden zu sein, zu kurz gekommen und benachteiligt worden zu sein. Halten Sie sich immer wieder vor Augen, es sind alte Gefühle, die wie alte Kleider im Keller liegen statt in der Kleidersammlung. Wenn ich die alten Klamotten wieder aus dem Keller hole und anschaue, kommen auch die damit verbundenen Erinnerungen und Gefühle wieder hoch. So kann es Ihnen auch in dieser Übung gehen. Eine gute Methode, die Gefühle zu klären, war für mich, mich bei den Erinnerungen zu bedanken – die Erfahrung hat mir schließlich gedient – und den Gefühlen frei zu stellen, ob sie bleiben oder gehen. Anschließend richtete ich meine Aufmerksamkeit wieder auf das, was gerade zu tun war, und kümmerte mich nicht mehr um die alten Klamotten.

Für mich war die „Keiner liebt mich"-Übung genial. Als harmoniesüchtiger, feinfühliger Mensch versuchte ich in schwierigen Situationen immer wieder eine gute Stimmung zu schaffen und nahm mich dabei zurück. Doch dieses Zurücknehmen war nicht freiwillig und bedingungslos. Entweder ich fühlte mich gezwungen und fiel dann in die Opferrolle „Ich habe keine Wahl", oder ich legte heimlich ein Konto an und handelte aus der Einstellung „Das musst du mir später zurückzahlen". Nach der Übung war ich frei. Ich konnte frei entscheiden, was ich tun wollte und was nicht, denn ich tat es nicht mehr, damit der andere mich mochte oder ich bei ihm etwas gut hatte.

Wer hat das Problem?

Die „Wer hat das Problem?"-Frage half mir, genauer hinzu-schauen und mich in Konfliktsituationen aus unangenehmen Gefühlen zu befreien. Ich erkannte schneller, welches Problem es überhaupt gab, was mein Anteil daran war und welche Lösung es geben konnte. In manchen Fällen konnte ich zur Lösung etwas beitragen, manchmal nicht.

Bei dieser Übung stellte ich auch fest, dass mein Erleben der Situation oft nicht mit dem übereinstimmte, was tatsächlich passiert war. Ich hatte mit jemandem eine Meinungsverschie-denheit und für mich herrschte Weltuntergangsstimmung. Doch es war nichts passiert, außer dass wir verschiedener Meinung waren und das geäußert hatten. Ich hatte Gerhard versprochen, für ihn eine Arbeit zu erledigen. Doch dann hatte ich selbst so viel zu tun, dass es nicht möglich war. Zuerst die üblichen Schuldgefühle, dann die Frage: Wer hat das Problem? Das Pro-blem hatte er, denn es war seine Arbeit. Wenn jemand mir etwas schenkt und dafür eine Gegenleistung erwartet, dann hat er das Problem, wenn ich nicht bereit bin, etwas zu tun. Geschenke sind freiwillige Gaben ohne Gegenleistung. Hat der Schenker eine andere Erwartung, brauche ich nicht darauf zu reagieren. Auch das realisierte ich durch diese Übung.

Stressfrei im Jetzt

Verzweifelt versuchte ich lange Zeit, dieses „Jetzt", von dem die Erleuchteten sprachen und das so wichtig sein sollte, zu erreichen. Ich versuchte immer wieder, in diesen Bruchteil eines Momentes zwischen Vergangenheit und Zukunft zu gelangen. Mein Verstand kommentierte diese Bemühungen mit „unmöglich" und zitierte wissenschaftliche Untersuchungen, die belegen, dass der Augenblick, den wir wahrnehmen, schon Vergangenheit ist. Denn bis die Sinneswahrnehmungen über die Nervenbahnen im Gehirn angelangt sind, ist der Moment bereits vorbei. Wie sollte es mir da gelingen, genau in diesem Moment zu bleiben. Außerdem erschien mir dieser Zustand des Jetzt unpraktisch für den Alltag. Schließlich musste ich Termine planen, im nächsten Monat meine Miete bezahlen und dafür Geld verdienen. Da war ich ja wieder nicht im Jetzt, sondern in der Zukunft. Und das Wissen und die Erfahrungen der Vergangenheit wollte ich auch nicht verlieren. Ebenso wenig die schönen Erinnerungen. Was sollte daran falsch sein, wenn ich mich erinnerte an die schönen Zeiten des Urlaubs oder mit Freunden. Auch die schrecklichen Erinnerungen an meine erste Ehe und die Aufbauzeit der Firma hatten ihren Reiz. Wieso sollte ich das alles aufgeben müssen? Was war falsch daran? Was bot das Jetzt, dass ich Vergangenheit und Zukunft dafür aufgeben sollte? Vielleicht ginge das im Kloster oder Ashram, aber im normalen Leben? Ich konnte diese Fragen nicht beantworten, denn ich kam einfach nicht in dieses mysteriöse Jetzt.

Die erste Erkenntnis, was mit diesem Jetzt wirklich gemeint ist, erhielt ich nach einem Satsang. Der Satsang-Lehrer bemühte sich vergeblich, einer alten Dame klar zu machen, dass sie diesen

Moment und das Jetzt vergeude, wenn sie immer wieder ihre Fotoalben hervorkramte und in den Erinnerungen schwelgte. Die alte Dame war verzweifelt. Sie wollte weder die Fotoalben noch die Erleuchtung aufgeben. Doch es schien unvereinbar. Der Satsang-Lehrer redete lange auf sie ein, um ihr klar zu machen, dass die Vergangenheit sie im Verstand und in der Identifizierung festhielte. Um zu erwachen, müsse sie bereit sein, dies loszulassen.

Tagelang ging mir die Diskussion im Kopf herum. Irgendetwas war falsch, ich wusste nur nicht was. Wie die alte Dame war auch ich nicht bereit, auf meine Vergangenheit zu verzichten. Und ich hatte auch nicht den Eindruck, dass ich es müsse, um ins Jetzt zu kommen. Da blitzte eine Lösung auf: Wenn ich Fotoalben anschaue, tue ich das Jetzt. Wenn ich mich an den Strand und die Wellen erinnere, passiert dies JETZT. Wenn ich die nächsten Seminartermine oder die geschäftlichen Meetings plane, geschieht das JETZT. Es gibt eigentlich keine Vergangenheit oder Zukunft, es gibt nur das JETZT. Wieso also dieses Heckmeck um diesen Moment?

Doch das war nur ein winziger Teil der Wahrheit, eine Erkenntnis, aber noch keine Erfahrung des Jetzt. Das nächste Puzzleteil kam Monate später, als ich dieses mysteriöse Jetzt erlebte. Gerhard hatte mir erzählt, dass er in einem Retreat plötzlich in das Jetzt „gefallen" war. Er beschrieb es als Moment ekstatischer Freude. Alles war Schönheit und in Ordnung, selbst die verfallene Hütte am Strand, die er vorher als störend empfunden hatte. Das wollte ich auch. Aber wie? Immer wieder versuchte ich diesen winzigen Moment zwischen Vergangenheit und Zukunft zu treffen. Und dann passierte es, als wir auf der Insel waren. Keine Ahnung wie. Es passierte einfach. Es war, als öffne sich eine völlig andere Dimension. Nicht mehr der winzige Moment zwischen

Vergangenheit und Zukunft, sondern ein riesiger Raum ohne Grenzen und ohne Zeit. Ich schaute in den Garten und das Grün der Pflanzen war intensiv wie nie zuvor. Die Farben der Blüten leuchteten auf eine vorher nie erlebte Weise. Das Meer war, als sähe ich es zum ersten Mal. Es war, als würde ich meine Umgebung zum ersten Mal sehen, hören, riechen. Es gab zwar immer noch den Verstand mit seinen Erinnerungen, der sagte, das hast du gestern auch gesehen. Aber er hatte keine Wirkung. Alles war so, als sei ich gerade erst geboren. Und es gab keine Zeit. Ich hatte das Gefühl, als würde die Zeit still stehen. Tiefer Frieden erfüllte mich. Ich saß einfach nur da, schaute in den Garten, schaute auf das Meer und den Himmel und rührte mich nicht. Nach einer Weile begann ich mich vorsichtig zu bewegen. Obwohl mein Verstand nicht fassen konnte, was da passierte, und fast still war, hatte er doch Angst, dass dieser wundervolle Zustand genauso plötzlich wieder verschwinden würde, wenn ich etwas Falsches tat. Aber die Bewegungen störten das Erleben nicht. Gerhard kam und sah sofort, was passiert war. Ich erlebte, dass auch reden möglich war, ohne das JETZT zu stören. Wir gingen am Strand spazieren und ich hatte das Gefühl, ich müsse überlegen, wie man geht. Jeden Schritt setzte ich bewusst. Das war es also. Genauso, wie ich es immer gelesen hatte. Aber ich hatte es mir nicht vorstellen können. Natürlich, denn die Vorstellung kam aus dem Verstand – und da ist das Jetzt tatsächlich nicht.

Dieser wunderbare Zustand verschwand wieder. Doch ich hatte einen Schlüssel gefunden. Jetzt konnte ich mich auf den gegenwärtigen Augenblick konzentrieren und das Jetzt öffnete sich. Der Verstand wurde dann leiser, die Farben intensiver, Friede breitete sich aus. So lange, bis ein Gedanke mich wieder fesselte und wegzog. Ein Bild machte es mir leichter: Der

7 – TECHNIKEN UND ÜBUNGEN

Verstand ist wie das Kino, in dem der Film von Vergangenheit und Zukunft läuft. Wenn ich im Innenraum des Kinos sitze, verpasse ich die Welt außerhalb. Mit diesem Bild konnte ich fortan leichter ins Jetzt gelangen. Wenn ich bemerkte, dass ich wieder im Kino saß, ging ich in meiner Vorstellung eine Treppe hinunter ins Jetzt. Dabei richtete ich meine Aufmerksamkeit auf die Natur, meinen Atem oder den Körper. Das funktionierte. Ich war wieder in diesem Moment außerhalb der Zeit. Während der Weg ins Jetzt eine altmodische Treppe war, schien der Verstand über Teleportation zu verfügen. Plötzlich wurde mir bewusst, dass ich mich wieder mitten in Gedanken und inneren Diskussionen befand und nicht einmal bemerkt hatte, dass ich wieder im Kino saß. Wenn ich es merkte, ging ich mit einem Schmunzeln wieder die Treppe hinunter ins Jetzt. Und da war ich wieder, im Frieden, in der Intensität des Augenblicks.

Was mir klar wurde: mit Jetzt ist nicht die Gegenwart gemeint. Vergangenheit – Zukunft – Gegenwart, das sind Begriffe unserer Dualität, die zusammengehören, das findet im Verstand statt. Gegenwart ist der Bruchteil einer Sekunde zwischen Vergangenheit und Zukunft, nicht das *Jetzt*. Planung und Erinnerung geschieht im Verstand, und vor dem Erleben des Jetzt kannte ich nur das Kino des Verstandes.

Das *Jetzt, dieser Moment* ist eine andere Dimension, eine Bezeichnung für etwas, was nicht in dieser Dualität stattfindet. Für dieses *Jetzt* gibt es in unserer Sprache keinen Begriff. Es ist ein Zustand außerhalb von Zeit und Raum, und dennoch nicht außerhalb der Welt. Jetzt ist ein ewiger Moment ohne Anfang und Ende, Ewigkeit.

Ein weiterer Irrtum: das Jetzt ist nicht Erwachen oder Erleuchtung. Es kann eine Tür dorthin sein. Aber so wie die Tür nicht der Raum ist, ist Jetzt nicht Erleuchtung. Ich erlebte das Jetzt und war noch nicht erwacht. Das geschah erst später. Es gibt Erleuchtungsmomente, doch auch wenn ich nicht in diesen Momenten bin, kann ich im zeitlosen *Jetzt* sein.

Während unserer Auszeit und wenn ich zu Hause oder in der Natur war, gelang es mir immer leichter, ins *Jetzt* zu gelangen. Doch in der Firma mit den alltäglichen Aufgaben schaffte ich es zuerst nicht. Das musste ich üben. Aber ich vergaß es immer wieder und es erschien mir dort auch nicht sonderlich nützlich. So fand ich, dass das Jetzt zwar ganz nett war – an die überwältigende Intensität der Farben, der Wahrnehmungen und des Friedens hatte ich mich schon gewöhnt – aber im Alltag nicht wirklich nützlich. Ich hielt es für eine gute Unterstützung, um Entscheidungen zu treffen oder sich nicht in Geschichten zu verlieren, aber dafür musste man ja nicht ständig im Jetzt sein. Mein Verstand hatte durch die tägliche intensive Benutzung mal wieder mehr Macht gewonnen. Doch ich hatte erst einen Teil des Geschenkes ausgepackt.

Nach einem Seminar vergaß ich meine Handtasche mit Portemonnaie, Führerschein, Personalausweis, allen Kreditkarten und Schlüsselbund, kurz allem Wichtigen, mitten im Aufenthaltsraum auf einem Stuhl. Ich bemerkte es erst, als ich nach einer Stunde Fahrt zu Hause angekommen war. Panik. Wenn jemand die Tasche mitnahm? Ich versuchte im Haus anzurufen, aber es ging niemand ans Telefon. Gerhard war so nett, mich zu fahren. Sofort fuhren wir zurück. Und dann entdeckte ich die praktische Bedeutung des Jetzt. Mein Verstand malte Schreckensvisionen: jemand hat die Tasche mitgenommen; das ganze Geld ist weg; ich muss die Kreditkarten sperren lassen, aber ich weiß nicht, wo ich die Nummern abgeheftet habe; und wenn jetzt alles abgeschlossen ist, wenn du ankommst, wenn keiner mehr da ist und niemand zu finden, der dir aufmachen kann? Katastrophenfilm und Panik. Eine innere Stimme erinnerte mich ans *JETZT,* was in diesem Fall der gegenwärtige Moment war: *„Jetzt* fährst du zurück zum Haus und wenn dann die Tasche nicht da ist oder alles abgeschlossen ist, *dann erst* überlegst du, was du dann tust. Jetzt nicht. Jetzt fährst du." Es funktionierte! Wenn ich im gegenwärtigen Moment war und nicht den Film der Gedanken anschaute, war ich im Frieden. Jetzt war Frieden und es gab nichts zu tun, außer zu fahren. Die Gedanken waren jedoch kraftvoll und zogen mich immer wieder in die übliche Panik. Doch im Seminar hatte ich die Präsenz des Augenblicks trainiert und so gelang es mir recht gut, immer wieder ins Jetzt zurückzukehren. Ich nutzte die Konzentration auf den Atem, um mich nicht in den Gedanken zu verstricken. Schwierig wurde es erst, als wir uns verfahren hatten. Die Muster von „Wir finden das nicht; ich verliere wertvolle Zeit; wenn ich jetzt nie ankomme; ich habe das alles so satt" versetzten meinen Körper-Verstand in helle Aufruhr und genau da drückte der Verstand wieder den Panikknopf. Ich konnte keinen klaren Gedanken mehr fassen, war angespannt und fand noch nicht mal mehr unseren Standpunkt auf der Straßenkarte. Gerhard wurde gereizt, weil ich ihn lotsen sollte und vor lauter Stress mal wieder rechts und links verwechselte. Ich versetzte ärgerlich zurück, er könne ja selbst Karten lesen, wenn er alles besser könne. Wir hatten gute Chancen für einen Streit. Ich probierte es erneut: bewusste Konzentration auf den Atem. Was ist jetzt? Jetzt haben wir uns verfahren und ich weiß nicht, wo ich mich befinde. Jetzt muss ich unseren Standort auf der Karte finden und sonst nichts. Die Tasche ist jetzt nicht wichtig. Jetzt geht es nur um den Standort.

7 – TECHNIKEN UND ÜBUNGEN

Es funktionierte. Die Panik verschwand, ich fand den Standort und den Weg. Das Haus war offen, kein Mensch weit und breit zu sehen. Die Tasche stand mitten im Aufenthaltsraum auf dem Stuhl, wo ich sie hingestellt hatte. Jetzt hatte ich endlich erlebt, wieso die Kraft des Augenblicks praktisch für den Alltag ist und ihn stressfreier macht. Und ich erkannte, dass ich üben musste, um immer selbstverständlicher darin verweilen zu können oder leicht wieder in diesen Frieden zu gelangen, wenn meine Gefühle oder Gedanken mich mal wieder im Griff hatten.

Seit diesem Ereignis nutzte ich die Fragen *Was ist jetzt?* und *Was ist jetzt zu tun?* etliche Male, immer mit hervorragender Wirkung. Daher finden Sie diese Technik insbesondere im Kapitel „Leid" auch immer wieder.

Vielleicht ist Ihnen aufgefallen, dass auch in dieser Beschreibung der Begriff *Jetzt* für zwei unterschiedliche Zustände benutzt wurde. *Jetzt* ist einerseits der gegenwärtige Moment. Die Frage „Was ist jetzt?" bringt die Gedanken im Verstandeskino aus Vergangenheit und Zukunft zurück in die Gegenwart. Und dann gibt es den Zustand des zeitlosen *Jetzt,* die Dimension jenseits des Verstandeskinos, jenseits des Verstandes. In diesem zeitlosen Jetzt ist die Wahrnehmung verändert, die Farben intensiver, die Gedanken leiser oder still. Da ist Frieden. Es gibt keine wertenden oder vergleichenden Gedanken und wenn sie doch entstehen, haben sie keinen Einfluss.

Über die Frage „Was ist jetzt?" öffnet sich manchmal auch dieser zeitlose Zustand. Das irritiert den Verstand, insbesondere wenn dieser Zustand mit Gedankenstille verbunden ist und das normale Denken ausfällt. Doch es öffnet sich eine andere Ebene des Denkens, die manchmal auch *der große Verstand* genannt wird.

Was ist jetzt?

Die Frage „Was ist jetzt?" oder „Was ist jetzt zu tun?" kommt im Kapitel 5 *Was ist Leid* häufig vor, denn sie führt aus dem Film von Vergangenheit und Zukunft in den gegenwärtigen Moment. Statt im Katastrophenfilm, in Selbstvorwürfen und Schuldgefühlen zu hängen, statt in den Vorstellungen zu bleiben, was gewesen wäre wenn, wird klar, was jetzt wirklich ist, was passiert ist, welche Situation vorliegt und was jetzt zu tun ist. Damit können sich dann auch die Stresshormone aus der Kampf- oder Fluchtpanik lösen, wenn weder Kampf noch Flucht hilfreiche Reaktionen sind. Erst im Laufe der Zeit habe ich erkannt, welches Geschenk diese Frage ist, wie oft sie mich aus dem Gefängnis der unangenehmen Gefühle in die Klarheit des gegenwärtigen Momentes brachte.

Diese Frage half mir oft aus den inneren Dialogen, wenn mein Verstand unzählige Varianten eines Gespräches ausprobierte, das in der nächsten Zeit stattfinden würde, wenn er mit unterschiedlichen Voraussetzungen berechnete, wie lange ich vom Ersparten noch leben konnte oder vergangene Gespräche und Erlebnisse immer wiederholte und alles mit den entsprechenden Gefühlen würzte. Eine Freundin nutzte die Frage, als ihr Schreibtisch überquoll und sie von dem Gefühl gelähmt wurde, das nie schaffen zu können. Der Berg vor ihr schien nicht zu bewältigen. Diese Vorstellung raubte ihr die Kraft. Und vor allem fürchtete sie, etwas Wichtiges zu übersehen. Der Katastrophenfilm mit Horrorende lief. Mit der Frage „Was ist jetzt zu tun?" gelang es ihr, Prioritäten zu setzen und sich auf das zu konzentrieren, was am wichtigsten war. Um das Nachfolgende kümmerte sie sich erst, als die vorliegende Arbeit beendet war. Manchmal musste sie

7 – TECHNIKEN UND ÜBUNGEN

den Blick erst nach draußen aufs Grün der Natur richten, um in den gegenwärtigen Moment zu kommen, manchmal konzentrierte sie sich auf den Atem. Erst wenn sie merkte, dass ihre Aufmerksamkeit wieder im Jetzt war statt beim Zukunftsfilm, erst dann schaute sie wieder auf den Schreibtisch.

Wenn wir einen Berg besteigen wollen, gehen wir Schritt für Schritt hinauf. Ich steige nicht gerne auf Berge und allein der Blick nach oben und die Vorstellung, wie anstrengend der Weg sein wird, raubt mir die Kraft. Wenn dann beim Aufstieg der Punkt erreicht ist, an dem der Körper wirklich kaum noch Kraft hat, gelingt mir das Weitergehen nur, wenn ich mich auf den nächsten Schritt konzentriere und nur auf diesen Schritt. Wahrscheinlich machen viele Menschen das so. Ich schaue dann nicht mehr nach oben zur Spitze, schaue mir nicht an, wie viel noch zu bewältigen ist, ich schaue auf den Weg vor meinen Füssen und setze jeden Schritt bewusst. Dann wird das Gehen zur Meditation, denn ich bin mit jedem Schritt im Moment. Und plötzlich habe ich wieder Kraft. Das gelingt mir manchmal auch mit der Schreibtischarbeit. In der meditativen Arbeit öffnet sich der Zugang zu einer anderen Ebene, zu Weisheit und zu Kraft. Ich verliere das Zeitgefühl, bin ganz in der Arbeit und nicht ich scheine zu arbeiten, sondern *es* arbeitet. Die Ideen sind besser, die Formulierungen fließen, plötzlich tauchen kreative Lösungen auf, ich bin sicherer in Entscheidungen. Ich befinde mich in der Ebene des zeitlosen Jetzt. Die Frage „Was ist jetzt?" ist für mich der praktische Weg zur Kraft des Momentes.

In einem Prospekt fand ich folgenden Text von Michael Ende:

7 – TECHNIKEN UND ÜBUNGEN

Schritt für Schritt

Wenn er die Straßen kehrte,
tat er es langsam, aber stetig:
Bei jedem Schritt einen Atemzug
Und bei jedem Atemzug einen Besenstrich.
Schritt – Atemzug – Besenstrich
Schritt – Atemzug – Besenstrich.
Dazwischen blieb er manchmal ein Weilchen stehen
Und blickte nachdenklich vor sich hin.
Und dann ging er wieder weiter -
Schritt – Atemzug – Besenstrich.

Es ist so:
Manchmal hat man eine sehr lange Straße vor sich.
Man denkt, die ist so schrecklich lang;
das kann man niemals schaffen, denkt man.
Und dann fängt man an, sich zu eilen.
Und man eilt sich immer mehr.
Jedes Mal, wenn man aufblickt, sieht man,
dass es gar nicht weniger wird, was noch vor einem liegt.
Und man strengt sich noch mehr an,
man kriegt es mit der Angst,
und zum Schluss ist man ganz außer Puste und kann nicht mehr.
Und die Straße liegt immer noch vor einem.
So darf man es nicht machen.

Man darf nie an die ganze Straße auf einmal denken, verstehst du?
Man muss nur an den nächsten Schritt denken,
an den nächsten Atemzug, an den nächsten Besenstrich.
Und immer wieder nur an den nächsten.
Dann machte es Freude,
das ist wichtig, dann macht man seine Sache gut.
Und so soll es sein.

Geistige Wesen

Geistige Wesen wie Erzengel und Aufgestiegene Meister begleiten mich seit vielen Jahren und waren für mich eine sehr kraftvolle Unterstützung. Und geistige Wesen waren meine Meister, die mich zum Erwachen begleiteten. Im Laufe der Jahre veränderte sich jedoch mein Bild von ihnen. Besaßen sie früher Menschengestalt, sehe ich sie heute als Aspekte des einen Seins. So wie wir Menschen eine Form im einen Sein sind, sind es auch die feinstofflichen Wesen. Insbesondere die Engel und geistigen Meister unterstützten mit ihrer Kraft unser Leben auf eine liebevolle Weise. Daher nutze ich ihre Unterstützung auch immer noch dankbar. Wenn ein Problem auftritt oder eine Situation schwierig ist, bitte ich die geistigen Wesen um Unterstützung. Oft nutze ich die Technik des Abgebens, ich überreiche das Problem oder die Situation an einen Engel und bitte ihn, sie zum höchsten Besten aller Beteiligten zu lösen. Selbst heute, nach all den Jahren Erfahrung und den zahlreichen Beispielen, wie die geistigen Wesen mich unterstützten, bin ich immer wieder verblüfft über ihre Kraft. Auch wenn mein Verstand wieder lauter wird und mit den Dialogen und Dramenfilmen beginnt, oder wenn mein Energieniveau und meine Gefühle in den Keller rutschen, nutze ich ihre Kraft.

Ich weiß, dass viele Menschen mit der Vorstellung von Engeln oder geistigen Wesen Probleme haben. Sie zweifeln an dieser Kraft und lehnen sie deshalb ab. Doch es geht nicht um das Bild. Dieses Bild ist wieder nur ein Konzept, eine Vorstellung. Daher kann man auch ein anderes Bild wählen, mit dem man besser zurechtkommt, zum Beispiel das Bild eines Krafttieres oder einfach das Bild einer Energie ohne Gestalt. Man kann diese Technik auch ohne eine Vorstellung von den Wesen nutzen. Hilfreich ist, diese Technik auszuprobieren, gleichgültig mit welchem Bild man arbeitet. Nachher wissen Sie dann, ob diese Technik auch für Sie funktioniert oder ob für Sie etwas anderes besser wirkt. Doch Vorsicht, der Verstand denkt gerne in den gewohnten Bahnen und selbst wenn die Technik erfolgreich ist, zweifelt er oder nimmt das Ergebnis manchmal nicht wahr.

Meditation

Viele Jahre meditierte ich, um etwas zu erreichen, um erleuchtet zu werden, um in glückselige Gefühle einzutauchen, um ruhiger zu werden, um mit Energien und geistigen Wesen Kontakt aufzunehmen, um klar zu werden und um mein Energiesystem zu klären. Heute ist Meditation für mich absichtslos. Ich bin still, schaue in den Garten, schaue aufs Meer oder schließe die Augen und sehe nichts, bin und spüre das Sein. Ich will durchs Meditieren nichts mehr erreichen oder verändern.

Meditation kann eine sehr kraftvolle Technik sein, um sich auf das Sein auszurichten, um mehr zu sich selbst zu finden und energetische Blockaden zu klären, womit sich auch ungeliebte Verhaltensweisen und hindernde Gedanken lösen. Und durch Meditation gelangt man in den Zustand des zeitlosen Jetzt, der Dimension jenseits von Vergangenheit und Zukunft, jenseits des Verstandes. Dazu sind nicht alle Meditationstechniken geeignet. Doch insbesondere die Gehmeditation – bei der man ganz bewusst den Fuß bei jedem Schritt auf den Boden setzt und die ganze Aufmerksamkeit auf das Gehen lenkt – und das Beobachten des Ein- und Ausatmens – bei der man seine ganze Aufmerksamkeit auf den Atem lenkt – bringen in den Moment, ins Jetzt. Durch das Wiederholen dieser Meditationen gelingt es dann auch im Alltag, selbst in schwierigen Situationen, über das Beobachten des Atems oder der Schritte aus den Filmen des Verstandes auszusteigen und wieder in den gegenwärtigen Moment zu kommen. Damit kehren Ruhe, Gelassenheit und Klarheit in jede Situation.

Wenn man zu meditieren beginnt, stören die lärmenden Gedanken ganz besonders. Meistens gelingt es nicht einmal für fünf Sekunden, sich nicht von den Gedanken einfangen zu lassen. Man denkt an seinen Einkaufszettel, ob die Waschmaschine noch läuft oder was man nach der Meditation noch unbedingt erledigen muss. Das ist nicht deshalb so, weil die Gedanken während der Meditation besonders intensiv wären. Die Gedankenflut ist wie immer, doch da wir sonst nicht bewusst darauf achten, nehmen wir sie nicht wahr.

Wie lange habe ich den Knopf für die Lautstärke des Verstandesradios gesucht! Ich konnte mich nicht auf die Stille konzentrieren, denn vor lauter Gedanken hörte ich keine Stille. Ich wollte, dass die Gedanken leiser wurden, am besten sogar ganz aufhörten. Was natürlich nicht funktioniert. Der Verstand denkt meist unaufhörlich, so wie das Herz ständig schlägt. Nur bemerken wir es beim Herzen nicht. Ich weiß von vielen, dass sie das gleiche Problem haben und ebenfalls den Lautstärkeknopf für die Gedanken nicht finden können. Wahrscheinlich gibt es ihn nicht. Vor einiger Zeit fand ich jedoch eine praktikable Lösung: Stellen Sie sich vor, Sie stehen genau zwischen einem Radio und einem Fernsehen. Auf der einen Seite spricht der Radiomoderator, auf der anderen Seite der Sprecher im Fernsehen, aber nur ein Beitrag interessiert Sie. Sie können sich jedoch nicht bewegen, um einen von beiden in der

7 – TECHNIKEN UND ÜBUNGEN

Lautstärke zu verändern. Wie schaffen Sie es, dem Radiomoderator zuzuhören? Für mich ist es ein bewusstes Verschieben der Aufmerksamkeit. Ich blende innerlich das Fernsehen aus und richte meine Aufmerksamkeit auf das Radio. Genauso verfahre ich, wenn ich mich auf die innere Stille ausrichte, die immer da ist. Was es erschwert, beim Fernsehen-Radio-Beispiel befinde ich mich zwischen zwei Stimmen, in der Meditation zwischen den bewegten interessanten Gedanken und dem unbewegten stillen Nichts. Das war für mich die größte Schwierigkeit, die Stille „zu hören". Stille ist normalerweise Abwesenheit von Geräuschen. Und die nimmt man nur wahr, wenn keine Geräusche da sind. Doch die innere Stille, die Stille des Seins ist anders. Natürlich ist sie schwer wahrzunehmen, wenn Gedanken oder Tätigkeiten da sind. Die bewegten Gedanken fesseln immer wieder die Aufmerksamkeit, so wie ein Fernsehfilm meine Aufmerksamkeit eher auf sich zieht als der Blick in den Garten, in dem sich nichts bewegt. Die Stille liegt wie ein leiser Ton hinter allem. Es ist möglich, sie wahrzunehmen, während man Musik hört, Fernsehen schaut, die Gedanken kommen und gehen lässt, ja sogar während man sich unterhält. Doch es ist Übungssache. Anfangs erscheint es unmöglich, dann erhascht man einen Moment von Stille zwischen den Gedanken und langsam wird dieser Moment größer. Auch hier geschieht das nicht kontinuierlich, sondern das eine Mal gelingt es mühelos für zehn Minuten, das nächste Mal funktioniert es überhaupt nicht. So ist das eben. Wohl jeder erlebt Momente der Gedankenstille, ohne dass es ihm auffällt, und vor allem, ohne dass er etwas dafür tut. Es sind die Momente, in denen wir von Schönheit ergriffen sind, bei einem farbgewaltigen Sonnenuntergang, einer Musik, die uns berührt, beim Orgasmus oder wenn uns ein Gefühl von Liebe erfüllt. Aber auch in Momenten des Schrecks ist der Verstand plötzlich still.

Für mich gibt es nicht *eine* besonders gute Meditationstechnik. Bei einer Technik zu bleiben, damit hatte ich Probleme. Das wurde mir langweilig. Daher probierte ich zahlreiche unterschiedliche Techniken aus. Heute ist Meditation für mich eine Technik, um in die Stille, ins Jetzt zu gelangen. Und dazu nutze ich das, was mir gerade gut tut und auf was ich gerade Lust habe. Mal ist es Spazieren gehen, mal tanzen, mal mit geschlossenen Augen still sitzen, mal in die Natur schauen, mal Musik hören, mal mich mit der Energie eines Engels, Meisters oder des Touch of Oneness zu umgeben. Daher kann ich nur empfehlen: Finden Sie heraus, was Sie in die innere Stille bringt.

Ramanas Selbstergründung

Während die vorher beschriebenen Techniken sowohl für ein angenehmes Leben und Ziele in der irdischen Welt als auch für das Erkennen des Seins verwendet werden können, ist die Selbstergründung einzig und allein auf das Erkennen des wahren Wesens, des wirklichen Ichs, des Seins ausgerichtet.

Die Selbstergründung oder Selbsterforschung, wie sie auch genannt wird, war eine der Techniken, die ich mit auf die Insel nahm. Erst kurz vorher hatte ich sie kennen gelernt und war fasziniert von ihrer Kraft. Außerdem ist sie einfach.

Die Selbstergründung basiert auf der Wahrnehmung des Ichs, entweder indem man seine Aufmerksamkeit auf das innere Ich-Gefühl richtet oder die Frage stellt: *Wer bin ich?* oder *Wer ist?* Das ist alles. Ramana empfahl, die Aufmerksamkeit auf das innere Gefühl von *ich* zu richten und so lange wie möglich dabei zu

7 – TECHNIKEN UND ÜBUNGEN

verweilen. Wenn Gedanken die Aufmerksamkeit wegziehen, kehrt man einfach wieder zur inneren Wahrnehmung zurück, nachdem man es bemerkt hat.

Für mich war die Fragetechnik einfacher. Die Frage wird immer wieder gestellt, nicht nur in der Meditation, sondern in allen möglichen Situationen, in der U-Bahn, bei der Hausarbeit, während man am PC arbeitet und in der Mittagspause. Mit etwas Übung kann man sie unter allen Umständen anwenden. Man stellt innerlich einfach nur diese Frage und lässt sie sinken. Alle Antworten, die kommen, lässt man gehen. Denn diese Antworten kommen aus dem Verstand, aus der Vergangenheit, aus den Selbst- und Fremdbildern. Diese Antworten beziehen sich auf das, was dieser vergängliche Körper-Verstand (vielleicht) ist. Aber nicht auf das wahre Wesen, auf das wirkliche Ich. Das wirkliche Ich kann nicht mit Worten ausgedrückt werden, also ist jedes Wort oder jede Antwort, die in Worte gefasst werden kann, falsch. Auch wenn Antworten kommen wie: „Ich bin das! I am that! Ich bin ewiges Sein. Ich bin, der ich bin." Worte kommen aus dem Verstand.

Die Selbstergründung kann auch mit der Technik des *Sich Beobachtens* verbunden werden. Wenn man seine Gedanken und Gefühle beobachtet, fragt man: „Wem kommt dieser Gedanke, dieses Gefühl?" Meistens ist die Antwort: „Mir." Die nächste Frage lautet: „Wer ist dieses mir?" Andere Varianten: „Wer beobachtet?" und „Wohin verschwindet der gerade aufgestiegene Gedanke?"

Diese Übung ist keine Konzentrationsübung. Es geht nicht darum, sich auf diese Frage zu konzentrieren und alles andere zu ignorieren. Und auch nicht darum, sich anzustrengen oder etwas zu tun. Sie soll auch nicht das Denken unterdrücken.

7 – TECHNIKEN UND ÜBUNGEN

Wenn man die Frage stellt oder das Gewahrsein auf die innere Ich-Empfindung richtet, richtet man sich aus auf das wahre Sein, das wahre Wesen. Die Gedanken, Gefühle und die äußere Welt laufen weiter. Sich selbst entdeckt man nicht, indem man *tut*, sondern indem man *ist*, sagte Ramana.

Als ich diese Frage immer tiefer sinken ließ, passierte erst mal nichts. So erschien es mir wenigstens. Nach einigen Wochen schien sie auf einen Widerstand, eine Mauer zu treffen. Wenn ich die Frage sinken ließ, fühlte ich einen plötzlichen Stopp. So oft ich sie auch stellte, so sehr ich ihr Kraft gab, sie blieb hängen. Nichts bewegte sich. Und irgendwann gab es diese Mauer nicht mehr und das Sein tat sich auf.

Aus dieser Erfahrung kann ich empfehlen, mit dieser Technik weiterzuarbeiten, auch wenn sich scheinbar nichts tut. Und das kann eine lange Zeit sein. Wer weiß schon, was sie bewirkt? Der Verstand will Ergebnisse sehen. Doch er kann nicht beurteilen, was diese Technik bewirkt. Bei mir tauchten Modifikationen der Frage auf, mit denen ich dann arbeitete. Doch Vorsicht! Diese Modifikationen können aus dem Verstand kommen und die Kraft dieser Technik vermindern.

In dem Buch „Sei, was du bist!" von Ramana Maharshi steht mehr zu dieser Technik.

8.
Werkzeuge

Ein Werkzeug ist für mich ein Hilfsmittel, mit dem man schneller oder leichter sein Ziel erreicht. Der Hammer ist ein Werkzeug, mit dem ich den Nagel einschlage. Ich könnte auch eine Vase nehmen, was jedoch nicht so effektiv wäre. Mein Auto ist in dem Sinne ein Werkzeug, weil es mich zu einem anderen Ort transportiert. Ich könnte auch zu Fuß zu diesem Ort gelangen. Auch feinstoffliche Energien sind für mich Werkzeuge.

Es gibt zahlreiche energetische Werkzeuge, von Reiki über Kinesiologie, Blütenessenzen bis Homöopathie. Für mich waren die LichtWesen Essenzen und das Touch of Oneness die kraftvollsten und wichtigsten Begleiter. Daher beschränke ich mich in diesem Kapitel darauf, diese beiden zu beschreiben.

LichtWesen Essenzen

Die LichtWesen Essenzen lösen energetische Blockaden und harmonisieren das Energiesystem. Als feinstoffliche Essenzen klären und reinigen sie das Energiesystem, wodurch wir stabiler werden und auch in schwierigen Situationen gelassener reagieren können. Fähigkeiten öffnen und vertiefen sich. Die LichtWesen Essenzen erhöhen das Energieniveau und unerwünschte Verhaltensmuster lösen sich. Mehr und mehr erkennen wir unsere wahre Natur und leben, was wir wirklich sind.

Doch LichtWesen Essenzen sind nicht nur Essenzen. Sie stellen auch den direkten Kontakt zu den geistigen Wesen her, wenn man das möchte, und es fällt leichter, mit ihnen und der eigenen inneren Weisheit Kontakt aufzunehmen. Die Energie der geistigen Wesenheiten ist da und wirkt in dem Moment, wenn man die Essenz anwendet, gleichgültig, ob man es wahrnimmt oder nicht. Diese liebevollen geistigen Wesen unterstützen Gerhard und mich seit vielen Jahren intensiv, auch beim Erwachen. Das verblüffte mich besonders. Hatte ich die LichtWesen Essenzen bisher als Werkzeuge zur Klärung des Energiesystems, zum Lösen von unangenehmen Verhaltensweisen und Stimmungen gesehen, erlebte ich nun, dass die Essenzen auch das Erkennen des Seins jenseits der Welt der Formen erleichtern. Sie besitzen Qualitäten, die über das irdische Leben hinausweisen, und ich erlebte die unterschiedlichen Energien wie unterschiedliche Wege zum einen Sein. Natürlich nahmen wir zahlreiche Essenzen mit auf die Insel und verwenden sie auch heute noch, um die verbliebenen Ego-Anteile zu klären und unser Energiesystem zu harmonisieren und stabilisieren.

Eine ausführliche Beschreibung der Wirkung, der einzelnen Essenzen und auch des Energiesystems und der geistigen Welt finden Sie in den Büchern *LichtWesen Meisteressenzen, Hilfe aus der geistigen Welt* und *Engel begleiten uns* sowie auf der Internetseite www.lichtwesen.com.

Touch of Oneness

Die Touch of Oneness-Energie wurde mir im Frühjahr 2001 geschenkt und im Rückblick war sie für mich und Gerhard eine der kraftvollsten Unterstützungen zum Erwachen und zur Glückseligkeit. Unzählige Male habe ich diese Energie für mich verwendet, denn nachdem ich einmal angeschlossen war, konnte ich diese Kraft jederzeit und überall ohne weitere Hilfsmittel nutzen. Oft war ich verblüfft, wie schnell sie mich aus Angst und Unruhe in die Gelassenheit des gegenwärtigen Momentes, in die Kraft des Jetzt brachte. Die Anspannung des *Ich will* löste sich und ich konnte leichter akzeptieren, was ist. Ich wollte zum Bahnhof, und als ich ein Taxi bestellte, bekam ich die Mitteilung, dass im Moment alle Taxen belegt seien und ich eine halbe Stunde warten müsse. Die Zeit bis zur Abfahrt des reservierten Zuges wurde knapp und mein Verstand drückte den Panikknopf. Nachdem ich mich in die Touch of Oneness-Energie gehüllt hatte, war ich ruhig. Tun konnte ich sowieso nichts. Das ist ein Beispiel, wie ich diese Kraft im Alltag verwende. Eine Teilnehmerin berichtete, dass sie nach dem Seminar den Impuls hatte, sich mit ihren Eltern zu versöhnen, zu denen sie seit 20 Jahren keinen Kontakt mehr hatte. Als sie zum ersten Treffen fuhr, war sie sehr aufgeregt. Doch nachdem sie sich in die Touch of Oneness-Energie gehüllt hatte, war sie ruhig. Selbst die Vorwürfe ihrer Mutter, bei denen es früher immer zum Streit gekommen war, brachten sie nicht aus der Ruhe. Gelassen konnte sie antworten: „Jetzt bin ich hier, wollen wir nicht lieber schauen, was wir jetzt machen?" Von vielen Menschen habe ich ähnliche Rückmeldungen bekommen. Alle berichten, dass sie gelassener und ruhiger wurden, sich nicht mehr so schnell von den Dramen des Lebens und des Verstandes einfangen lassen. Die innere Stille nimmt zu. Oft wird auch das Gedankenkarussell und der Verstand stiller. Manche fühlen sich in dieser Energie „wie zu Hause angekommen". Auch Fähigkeiten werden bewusst und gestärkt, da wir mehr wir selbst werden und uns weniger von Vorstellungen beeinflussen lassen.

Während unserer Auszeit nutzten wir die Touch of Oneness-Energieübertragung täglich, manchmal sogar mehrmals. Für Gerhard und mich war es eine unglaublich kraftvolle Unterstützung. Ich bin mir sicher, dass mein Körper diesen Prozess dadurch viel leichter verkraften konnte und sich die blockierenden Hindernisse viel schneller lösten. Im Rückblick wurde mir bewusst, dass der Wunsch zu erwachen erst nach meiner Einweihung in die Touch of Oneness-Energie in den Mittelpunkt rückte.

Während Reiki, Craniosakraltherapie oder andere feinstoffliche Verfahren hauptsächlich auf die Harmonisierung und das Wohlbefinden des Körpers wirken, ist die Touch of Oneness-Energie ausgerichtet auf das Erkennen des wahren Wesens. Im Seminar findet die Verbindung mit der Kraft statt, so dass man sich nach dem Seminar jederzeit mit dieser Kraft verbinden und sie für sich selbst und andere nutzen kann. Durch die Kraft der Touch of Oneness-Energie lösen sich Blockaden, vor allem im Wirbelsäulenkanal, in dem ja auch die Kraft der Bewusstheit fließt und der kosmische und irdische Energie miteinander verbindet. Vorstellungen, Erwartungen und hindernde Verhaltensmuster lösen sich, der Körper-Verstand kommt in Einklang mit dem Sein.

Die Touch of Oneness-Energie wird übertragen von vier geistigen Wesen, von Metatron, Christus, Maria und Ra. Heute sehe ich in diesen Kräften nicht mehr nur die Wesen, sie sind für mich

Aspekte des einen Seins, so wie rot, blau und orange Bestandteile des weißen Lichts sind. Diese Kräfte erinnern uns an unser wahres Wesen, das, was wir auch jetzt schon sind. Sie unterstützen, dass sich die Tür öffnet und wir wieder erkennen, was wir eigentlich bereits wissen. Sie lassen die Wolken der Gefühle und Gedanken dünner werden, so dass wir erkennen können, dass der Himmel des einen Seins immer da ist und war.

Weitere Informationen und Erfahrungsberichte von Teilnehmern finden Sie auf der Homepage **www.touch-of-oneness.de**.

9.
Leben im Glück

Ständig glücklich sein – ist das möglich?, fragte ich mich viele Jahre. Heute erlebe ich: Es ist möglich.

Dieses Glück ist anders, als ich es mir vorgestellt habe. Es ist ein leises, stilles, friedvolles Glück, jenseits der Höhen und Tiefen des Lebens. Es ist wie der Himmel, manchmal wolkenlos strahlend, manchmal nur durch die Wolkenlöcher zu sehen. Ich nenne dieses Glück Glückseligkeit. Es ist ständig da. Ich brauche es nur wahrzunehmen – und das braucht Übung, Übung die Wolken der Gedanken und Gefühle zu erkennen und den Himmel trotzdem zu erleben. Was mir dabei neben den Werkzeugen geholfen hat, ist, mich zu beobachten, mich auszurichten und immer wieder im Jetzt zu sein.

Heute weiß ich, die Mühen der letzten Jahre haben sich gelohnt, auch wenn ich es mir oft unnötig schwer machte. Es hätte so viel leichter gehen können. Doch letztendlich habe ich erreicht, wonach ich mich immer gesehnt habe: Ich habe noch nie so gerne, so entspannt und so glücklich gelebt wie heute.

Rückkehr ins Jetzt –
eine Fragetechnik

Die Fragen unterstützen Sie, in Stresssituationen oder wenn Sie in unangenehmen Gedanken, Gefühlen oder angstvollen Zukunftsfilmen fest hängen, wieder in den gegenwärtigen Moment zurück zu kommen. Es ist sinnvoll, diese Fragen immer griffbereit bei sich zu tragen, denn gerade im angespannten Zustand neigt der Verstand dazu, sich zu blockieren und er erinnert sich nicht mehr an die Fragen.

1. Welche Gedanken habe ich?

2. Welche Gefühle erfüllen mich?

3. Wodurch wurden die Gedanken und Gefühle ausgelöst?

4. Was befürchte ich?

5. Was ist jetzt?

6. Was ist jetzt zu tun?

Literaturempfehlung

Ramana Maharshi: *Sei, was du bist!*, O.W.Barth
Dieses Buch habe ich nach dem Erwachen verschlungen und es zig Mal gelesen. Für mich das beste Buch neben:

Sri Nisargadatta Maharaj: *Ich bin – Teil 1 bis 3*, J. Kamphausen Verlag

OWK: *Erleuchtung – The Real is Illusion – The Illusion is Real, oder Ausbruch aus der Matrix*, Bohmeier Verlag
Obwohl das eher abschreckende Cover an einen Science-fiction-Roman erinnert, ist in dem Buch gut beschrieben, was Erleuchtung ist und was nicht, und was während und nach dem Erwachen und der Erleuchtung geschieht. Geschrieben von (durch) einen männlichen logisch-denkenden Verstand, von Beruf Informatiker, der aus dem westlichen Kulturkreis stammt (Schweiz) und in der heutigen Zeit lebt. Das letzte Kapitel fand ich seltsam und für mich nicht nachvollziehbar.

Suzanne Segal: *Kollision mit der Unendlichkeit*, J. Kamphausen Verlag

Petra Schneider und Gerhard Pieroth: *LichtWesen Meisteressenzen*, Windpferd Verlag

Petra Schneider und Gerhard Pieroth: *Hilfe aus der Geistigen Welt*, Windpferd Verlag

Petra Schneider und Gerhard Pieroth: *Engel begleiten uns*, Windpferd Verlag

Petra Schneider und Gerhard Pieroth: *Was hilft mir? Impulse für jede Situation*, LichtWesen Edition Lebensfreude, ISBN 3-936102-04-X
Dieses Kartenset nutze ich häufig, um bewusst und schneller zu erkennen, um was es gerade geht.

Glossar

Bedeutung von verwendeten und gängigen Begriffen von Erwachten und Erleuchteten

Advaita – Nicht-Dualität, a + dvaita bedeutet *nicht zwei;* es gibt nichts außer Bewusstsein, alle Phänomene und Objekte sind nur scheinbar real (sind Maya), wird auch als Advaita-Lehre bezeichnet, Ramana Maharshi und Nisargadatta Maharaj sind für mich die bekanntesten Vertreter „dieser Richtung"

Ashram – Platz, an dem ein spiritueller Meister lebt und lehrt, mit Wohn- und Essmöglichkeiten für seine Schüler und Besucher

Bewusstsein – das grundsätzliche ewige Prinzip; das, was hinter allen Religionen steht, es hat keine Aspekte oder Qualitäten, sondern ist „leer" und „beinhaltet alles", andere Bezeichnungen: Gott, Ich bin, Wahrheit, Selbst, Quelle, Ursprung, Tao, Einheit, Gesamtheit, Sein, das eine Sein

Bhagavadgita – wörtlich: das Lied von Gott; Teil der Mahabharata, in dem Krishna, eine Inkarnation Vishnus, dem Krieger Arjuna Unterweisungen erteilt

Darshan – Zusammentreffen, Zusammensein oder auch Anblick eines Heiligen oder eines Kultbildes im Tempel; wird im Westen meist benutzt zur Bezeichnung des Zusammentreffens mit einem erwachten oder erleuchteten Meister

Dualität – beide Teile der miteinander verbundenen Gegensätze, die nicht ohne den anderen existieren können, wie Tag-Nacht, gut-böse, schön-hässlich, leicht-schwierig, glücklich-unglücklich, hell-dunkel, positiv-negativ, Mann-Frau. Die irdische Welt ist die Welt der Dualität. Das Symbol der Dualität ist das Yin-Yang-Symbol, ein Kreis, der auf der einen Seite einen schwarzen Teil mit weißem Punkt, auf der anderen einen weißen Teil mit schwarzem Punkt enthält ☯

Guru – übersetzt bedeutet Guru Lehrer; im Westen wird damit oft ein erleuchteter oder erwachter spiritueller Lehrer bezeichnet

Leela oder **Lila** – Spiel; der Kosmos als göttliches Spiel; Begriff aus dem Hinduismus, der die Gesamtheit der Manifestation als göttliches Spiel bezeichnet

Mantra – Heiliges Wort oder heilige Worte, die ein Schüler von seinem Guru erhält; die Wiederholung eines Mantras ist eine weit verbreitete spirituelle Übung. Beispiele sind Aum oder Om (diese Silbe wird als Urklang der Schöpfung bezeichnet und bedeutet höchstes Bewusstsein oder höchstes Prinzip und gilt als das heiligste Mantra) oder das Gayatri Mantra (om bhur bhuvah svah tat savitur varenyam, bhargo devasya dhimahi; dhiyo yo nah prachodayat)

Maya – Illusion, Irrglaube, die verschleiernde Macht, Täuschung, die Identifikation mit dem Körper-Verstand und dem Ego als einem getrennten Individuum und Handelnden

Moksha und **Mukti** – Befreiung

Sadhana – spirituelle Übung oder Methode wie Meditation, Yoga, Gebet, Mantras

Samadhi – ein Zustand von tiefer Meditation jenseits des Verstandes; die innere Erfahrung des Seins; vollständig im Sein sein; Ramana unterscheidet zwischen *nirvikalpa samadhi,* dem zeitlich begrenzten Samadhi, bei dem Körper und Umgebung nicht mehr wahrgenommen werden und der Körper wie bewusstlos ist, und *sahaja samadhi,* dem zeitlich unbegrenzten Samadhi, in dem man sich normal in der Welt bewegen kann; Samadhi bezeichnet auch den Grabschrein eines erleuchteten Meisters

Sanyasin, Sanyasi – im Hinduismus traditionell einer, der alle weltlichen Interessen und Pflichten aufgegeben hat; oft auch Bezeichnung für die Schüler eines spirituellen Lehrers

Sat-chit-ananda – Sein-Bewusstsein-Glückseligkeit, Sat bedeutet auch Existenz, absolutes Sein, die Wirklichkeit, die Wahrheit; Chit bedeutet auch Wahrnehmung, das universelle, unwandelbare, absolute Bewusstsein; Ananda oder Anand bedeutet auch Friede, spirituelle Seligkeit; im Hinduismus die drei Attribute der Quelle, des Seins, der Erleuchtung

Satsang oder **Sat-Sanga** – in Verbindung sein mit der Wahrheit, dem Sein, der Quelle, oder mit jemandem, der erwacht oder erleuchtet ist oder das Selbst verwirklicht hat, wie es manchmal auch genannt wird

Shanti – Frieden

Tao Teh King – Schriften von Lao Tse zum Sein, das von ihm Tao genannt wird; entstanden vor zweieinhalb Jahrtausenden in China, etwa zur gleichen Zeit offenbarten Gautama Buddha und Mahavira in Indien, Zarathustra im Iran und Pythagoras in Griechenland ihre Wege zum Göttlichen

Upanishaden – Texte zum Sein, zur Wahrheit, die das reine Wissen betreffen; wesentlich jünger als die ursprünglichen Veden; die Upanishaden sind Grundlage des Vedanta

Vedanta – wörtlich das Ende der Veden (aus Veda und Anta, Ende zusammengesetzt), eine philosophische Schlussbetrachtung der vedischen Texte; Vedanta ist eine der sechs Schulen bzw. philosophischen Systeme der hinduistischen Lehre; Advaita-Vedanta ist der bekannteste Zweig des Vedanta

Veden, Vedas – Veda bedeutet Wissen oder das offenbarte Wissen; die Veden sind eine Sammlung heiliger Schriften und gelten als höchste Autorität des Hinduismus; sie sind nach heutiger Geschichtswissenschaft 2000 bis 500 vor Christus entstanden, nach hinduistischer Auffassung jedoch noch ein paar tausend Jahre älter; die Veden beginnen als mythische und rituelle Texte und gipfeln in der reinen Lehre des Vedanta

Yoga – bedeutet: sich vereinigen; Yoga ist ursprünglich eine Methode, durch die das Bewusstsein aus den Verstrickungen des Verstandes und der manifestierten Welt gelöst werden soll, die Befreiung und Erleuchtung bringen soll

Yogi – ein Meister des Yoga oder einer, der Yoga praktiziert

Informationen zu Personen,
die im Buch erwähnt sind

Byron Katie – Erwachte im Alter von 43 Jahren, nachdem sie von der erfolgreichen Geschäftsfrau abstürzte in Angst und Verzweiflung und nahezu wahnsinnig wurde. Sie erwachte, als ihr eine Küchenschabe über den Fuß krabbelte; entwickelte einen Prozess, der sich *The Work* nennt.

Eckhart Tolle – Geboren in Deutschland und dort bis zum Alter von 13, Studienabschluss an der Universität London, Forschung und Supervision an der Cambridge Universität. Erwachte im Alter von 29, wusste aber zu diesem Zeitpunkt nicht, was passiert war. Daraufhin besuchte er zahlreiche Meister, um zu verstehen. Einige Jahre nach dem Erwachen verlor er alles und lebte zwei Jahre friedvoll auf einer Parkbank. Lehrt heute in Amerika und Europa.

Sein vermutlich bekanntestes Buch: *Jetzt! Die Kraft der Gegenwart,* Kamphausen Verlag

Gerhard K. Pieroth – Zusammen mit Petra Schneider Hersteller der LichtWesen Essenzen und Autor mehrerer Bücher. Erwacht im Alter von 46 Jahren. Partner von Petra Schneider und im Buch Gerhard genannt.

Lao Tse – Geboren 604 v. Chr. in China, arbeitete als Reichsarchivar und Staatsbibliothekar, behielt nach dem Erwachen seine Ämter bei, nahm nur wenige Schüler auf.

Nisargadatta Maharaj – 1897 in Indien geboren, lebte bis zu seiner Lebensmitte als Inhaber eines kleinen Ladens mit seiner Frau und drei Kindern in Bombay. Dann begegnete er seinem Guru und erwachte. Nach dem Erwachen betrieb er seinen Laden noch einige

Zeit, gab ihn dann aber auf, um als Bettelmönch in den Himalaja zu ziehen und das ewige Leben zu suchen. Als er jedoch realisierte, dass das ewige Leben bereits in ihm war, kehrte er nach Bombay zurück, wo er bis zu seinem Tod 1981 Besucher empfing und „lehrte". Aufzeichnungen dieser Gespräche sind in den Büchern *Ich bin* Teil I bis III, Kamphausen Verlag, zusammengestellt.

Osho – Ehemals Bhagwan Shree Rajneesh (1931 – 1990) wurde in Zentralindien geboren und erwachte im Alter von 21 Jahren. Nach seinem Studium lehrte er Philosophie an der Universität von Jabalpur. 1966 beendete er diese Tätigkeit und widmete sich ganz seinen Schülern und spirituell Suchenden, die aus der ganzen Welt, insbesondere aus Europa und Amerika, zu ihm kamen. Es entstand zunächst ein Ashram in Poona (Indien), später in Oregon (USA). Tausende wurden seine Schüler und dadurch beeinflusste Osho die heutige Spiritualität maßgeblich. Osho entwickelte neue Formen aktiver Meditation, die wohl bekannteste ist die Dynamic Meditation. Seine Reden sind in zahlreichen Büchern veröffentlicht.

Ramana Maharshi – Indischer Erleuchteter (1879 – 1950), der im Alter von 16 Jahren erwachte. Danach verließ er seine Familie, um vom inneren Drang getrieben zum heiligen Berg Arunachala zu reisen. Dort „tauchte" er so tief ein ins formlose, absolute Bewusstsein, dass er seinen Körper und die Welt völlig vergaß. Nach einigen Jahren in diesem Zustand kehrte er langsam zum normalen körperlichen Verhalten zurück, erfuhr sich jedoch weiterhin als reines Bewusstsein. Tausende Menschen besuchten ihn, es entstand ein Ashram in der Nähe der indischen Stadt Tiruvannamalai.

Bücher mit seinen Antworten und Lehren:
- *Sei, was du bist!, O. W. Barth Verlag*
- *Gespräche des Weisen vom Berge Arunachala, Ansata*
- *Leben nach den Worten Sri Ramana Maharshis, David Godman, Ansata*

Stephen Wolinsky – Gründer und Leiter des Quantum Institute in Kalifornien und Begründer der Quantenpsychologie, u.a. ausgebildet in Gestalttherapie, Psychoanalyse nach Wilhelm Reich, Hypnotherapie nach Milton Erickson und tätig als Psychologe. Schüler von Nisargadatta Maharaj, ist heute erwacht und betreibt Psychologie mit klarer Trennung der Ebenen, das bedeutet, er trennt die Phänomene der irdischen Welt und des Körper-Verstandes von den Erfahrungen der Erleuchtung und des Seins.

Mir bekannte Bücher:

- *Der Weg des Menschlichen – Notizbücher zur Quantenpsychologie, Econ Taschenbuch*
- *Die alltägliche Trance, Lüchow. Hier erläutert er, wie wir Situationen und Ereignisse mit einer gefärbten Brille wahrnehmen und dadurch Filme oder Trance-Zustände erschaffen, die nicht der irdischen Realität entsprechen.*
- *Ich bin dieses Eine – Begegnungen mit Sri Nisargadatta Maharaj, VAK Verlag. Beim Lesen bekam ich Knoten im Hirn, da viele Stellen für meinen Verstand sehr umständlich formuliert sind; dieses Buch ist eines der wenigen, das ich dutzende Male resigniert aus der Hand legte und dann doch wieder zu lesen begann; inhaltlich klar, wenn man es denn erst mal verstanden hat.*

Suzanne Segal – 1955 in Chicago geboren, lebte ein weitgehend „normales" Leben und war nicht aufs Erwachen ausgerichtet, als sie mit 27 Jahren mitten in Paris an einer Bushaltestelle erwachte. Ihr Ego-Ich war weg und ihr Körper-Verstand reagierte mit Angst, die mehrere Jahre anhielt. Um zu verstehen, was mit ihr passiert war, studierte sie Psychologie und nahm zahlreiche therapeutische Sitzungen. In ihrem Buch *Kollision mit der Unendlichkeit* (Kamphausen Verlag) beschreibt sie ihre Geschichte vor und nach dem Verlust ihres persönlichen Ego-Ichs, das in der östlichen Tradition als Erleuchtung und Lebensziel, im Westen jedoch als schwere psychische Erkrankung gesehen wird.

Zur Autorin

Dr. Petra Schneider, geboren 1960, studierte und promovierte im Fach Agrarwissenschaft an der Universität Bonn. 1990 beendete sie eine Zusatzausbildung für Lehramt, Verwaltungstätigkeit und Beratung und begann als Beamtin bei der Landwirtschaftskammer Rheinland, zuständig für Umweltschutz, Braunkohletagebau und Dorfentwicklung.

Ausgelöst durch ihre Krise in der ersten Ehe, begann sie mit der Suche nach dem, was sie wirklich ist und nach einem glücklichen, erfüllten und bewussten Leben. Zuerst besuchte sie Selbsterfahrungsgruppen, später begann sie den spirituellen Weg.

Im Laufe der Zeit erkannte sie, dass ihre berufliche Tätigkeit nicht die Erfüllung ihres Lebens brachte. Sie kündigte ihre sichere, lebenslängliche Stelle und begann, sich intensiv mit feinstofflichen Energien, geistigen Wesenheiten, ganzheitlicher Heilung, Meditation und Möglichkeiten zur Selbstentfaltung zu beschäftigen. Dazu besuchte sie zahlreiche Ausbildungen und Seminare.

Seit 1994 beschäftigt sie sich intensiv mit den Energien der Aufgestiegenen Meister, wodurch die LichtWesen Essenzen entstanden sind, die sie zusammen mit Gerhard K. Pieroth herstellt. Daraus entstand im Laufe der Jahre und mit viel irdischer Arbeit die LichtWesen AG. Petra Schneider erwachte am 26. Januar 2003 im Alter von 42 Jahren.

Informationen zu
LichtWesen Essenzen im Fachhandel und unter:
www.lichtwesen.com
Touch of Oneness: www.touch-of-oneness.de

Petra Schneider · Gerhard K. Pieroth
Hilfe aus der geistigen Welt
Aufgestiegene Meister und andere Lichtwesen begleiten unseren spirituellen Weg

Mit Hilfe dieses Buches werden Sie die geistige Welt besser und grundlegender verstehen und praktische Anleitungen werden helfen, sie in Ihr Leben zu integrieren. Es eröffnet sich eine neue Sichtweise: Tägliche Probleme erscheinen in anderem Licht, Hilfen werden erkannt und die Herausforderungen des Alltags können leichter gemeistert werden. Erfahrungsberichte zeigen, wie Transformationsschritte durch liebevolle Begleitung aus der geistigen Welt schneller bewältigt werden. Denn wir sind auf dem spirituellen Weg nicht allein. Das Buch ist für jeden geeignet, ob jung oder alt, ob Patient oder Therapeut. Es ist ein fundiertes Nachschlagewerk und eine praxisorientierte Anleitung für ein besseres, glücklicheres Leben ohne hemmende Probleme.

240 Seiten · ISBN 3-89385-318-9 · www.windpferd.de

Petra Schneider · Gerhard K. Pieroth
Engel begleiten uns
Erzengel und Erdengel sind an unserer Seite · Ein einführendes und umfassendes Handbuch über die geistigen Helfer im spirituellen und stofflichen Bereich

Engel sind Boten des Göttlichen. Diese Botschaft ist mehr als eine Information oder ein Brief, sie ist eine Berührung unseres eigenen inneren Lichtes. Sie erinnert uns daran, wie unser Leben sein könnte. Mit ihrer Hilfe wachsen wir zu unserer wirklichen Größe, entfalten unsere Fähigkeiten – und finden den Weg zu einem Leben, das wir wirklich lieben. Aufgrund ihrer eigenen Erfahrungen beschreiben die Autoren die geistige Welt der Engel, ihre Aufgaben, Kräfte und Möglichkeiten. Und sie zeigen, wie wir mit diesen kraftvollen und zugleich liebevollen Wesenheiten Kontakt aufnehmen, sie in unser Leben einladen können. Dieses Buch ist eine Brücke zu den Energien der Engel. Es vermittelt zugleich klar strukturiertes und neues Wissen.

208 Seiten · ISBN 3-89385-330-8 · www.windpferd.de

Ariel und Shya Kane
Unmittelbare Transformation
Lebe im Augenblick und nicht in Gedanken

„Unmittelbare Transformation", das ist eine revolutionär neue Sichtweise, die es ermöglicht, einen permanenten Zustand des Bewusstseins und der „Zentriertheit" zu erreichen. Dabei wird auf radikale Weise die Vorstellung aufgegeben, dass jegliche Form von „Arbeit an sich selbst" irgendeine Veränderung bewirken kann. Es gibt keine Tricks zu erlernen, keine Lebensregeln zu beachten, keine vorgeschriebenen Pfade zu befolgen! Die Methode führt zu einer Veränderung von Zuständen, bewirkt einen Wechsel der „Realität" – und das führt zu einem regelrechten „Quantensprung". Nach der Transformation: In Stresssituationen bleibt man zentriert, man ist zunehmend erfolgreicher und zufriedener, Beziehungen werden liebevoller und förderlicher, Spontaneität, Freude und Kreativität nehmen zu.

144 Seiten · ISBN 3-89385-369-3 · www.windpferd.de

Satyam Nadeen
Satsang –
Das Handbuch zum neuen Erwachen
«Wechsel in die 4. Dimension»
Mythen und Tatsachen über die Erleuchtung

Satyam Nadeen zählt zu den Erwachten, die das, was sie zu geben haben, in Satsangs, dem „Zusammensein in Wahrheit" mit anderen teilen.
In diesem Buch berichtet Satyam Nadeen, wie das Erwachen die Herzen aller „Suchenden" berührt, die von dem großen Verlangen, endlich „zu Hause" anzukommen, geleitet sind. Die große Herausforderung, ein „Findender" zu werden, ist einzig, dass das, was ist, seit Jahrtausenden unter verwirrenden Vorstellungen über die ganze Sache mit der Erleuchtung begraben wird. Weiß irgend jemand da draußen, wovon dort genau gesprochen wird?

144 Seiten · ISBN 3-89385-367-7 · www.windpferd.de